BIBLIOTHÈQUE DES VOYAGES

In-18 jésus

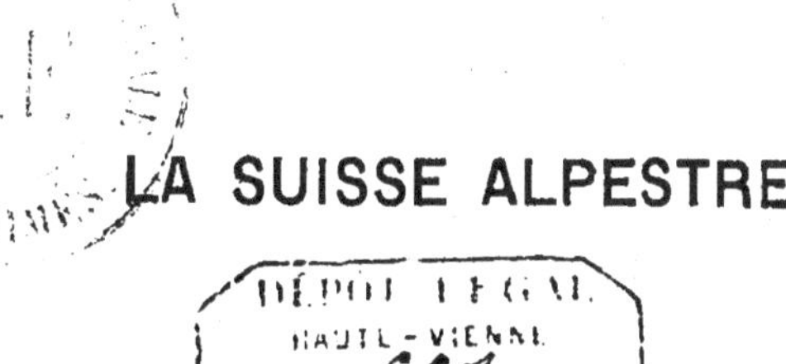

LA SUISSE ALPESTRE

LA
SUISSE ALPESTRE

CANTONS DU NORD-EST
CANTONS FORESTIERS — GRISONS — VALAIS
OBERLAND BERNOIS

Par un Professeur bernois

TOME PREMIER

LIMOGES
MARC BARBOU & Cie, IMPRIMEURS-LIBRAIRES
Rue Puy-Vieille-Monnaie

1881

INTRODUCTION

I

Topographie. — Ethnographie. — Histoire jusqu'aux premières Ligues.

La Suisse, placée au centre de l'Europe, adossée aux plus hautes ramifications de la chaîne des Alpes, enceinte, des autres côtés, par le Jura, le Rhin et le Rhône, est appelée à jouer, dans l'histoire, un rôle particulier.

Divisée en plusieurs grands bassins, auxquels aboutissent une foule de vallées latérales, ainsi que divers plateaux, la Suisse semble naturellement disposée pour la forme cantonale et fédérative. Une Confédération était d'ailleurs indispensable pour retenir, par un lien suffisamment fort, tant de races diverses : allemande, celtique, italienne ou latine, sans gêner leurs libres allures, au milieu de leurs usages et de leurs lois

La *commune* à la base, les *cantons* ou Etats au milieu, et la *Confédération* au sommet : telle est la Suisse actuelle, telle elle existait, déjà, aux temps les plus reculés.

Les plus vieux habitants de la Suisse, appelés Helvètes ou Helvétiens, étaient un peuple de race celtique. Ils étaient venus de la Germanie, ainsi que les Rauraques du Jura, tandis que les Rhétiens arrivaient de l'Italie du nord ; les Allobroges Valaisans du sud-est des Gaules ; les Séquanais et les Eduens, qui émigrèrent vers Vaud et Neuchâtel, venaient plutôt de la partie celtique, appelée plus tard la Bourgogne transjurane

César, dans ses Commentaires, dit que le corps de la nation helvétique se composait de quatre cantons dont les noms ont été conservés jusqu'à nos jours. Ce sont 1° les Tiguriens de Zurich et Turgovie ; 2° les Tugéniens de Zùg et Lucerne ; 3° les Verbigènes de Fribourg, Berne et Soleure ; 4° les Ambrons, dont quelques tribus se retrouvèrent dans l'Argovie et les cantons limitrophes.

La domination romaine s'étendit sur l'Hévétie, à partir de l'année 58 avant Jésus-Christ et ne disparut que vers l'an 455 de l'ère chrétienne. L'Helvétie fut tantôt unie à la Gaule Lyonnaise, tantôt à la Gaule Belgique ; ses lois et sa forme fédérative firent place aux lois et à l'unité de l'Empire.

A partir de l'année 455, l'invasion des Germains et des autres peuples du nord atteignit directement l'Helvétie, qui vit les Burgondes, les Allemands, les Goths et les Lombards s'établir dans ses cantons primitifs et sur ses frontières, à l'ouest, au nord, au sud-est et au sud-ouest. Le système féodal remplaça, presque partout, le système unitaire et municipal des Romains. On vit, dans les assemblées générales, siéger les clercs à côté des princes et des chevaliers ; là, comme ailleurs, les pauvres serfs travaillaient à l'intérieur, en qualité de domestiques-esclaves, et à l'extérieur, comme colons et laboureurs.

Les Francs furent les premiers qui dominèrent en Helvétie, à partir de l'an 534, après avoir soumis les Gaules, du Rhin et de la mer jusqu'aux Pyrénées et aux Alpes. Le christianisme qu'ils avaient embrassé devint aussi, peu à peu, la religion des Helvètes et celle des peuples germains, établis dans les vallées des Alpes et du Jura. Durant cette époque, le système féodal continue d'exister, mais plusieurs villes se fortifiaient, et la classe des hommes libres ou des bourgeois s'augmentait sensiblement.

A la chute de l'empire carolingien, vers l'an 888, l'Helvétie fut démembrée, comme tout le reste. La partie occidentale, nommée aussi Bourgogne transjurane, passa sous la domination immédiate des principaux seigneurs. La partie septentrionale et orientale demeura plus ou moins soumise aux princes allemands. Les Hongrois et les Sarrazins ravagèrent, alors, l'Helvétie. Une foule de vieux castels et de fortifications ruinées datent de cette époque.

Quand arriva la mort de Rodolphe III, dernier des princes de la Bourgogne Transjurane, l'Helvétie occidentale échut en héritage à Conrad II, frère de Rodolphe, et maître déjà de l'Hévétie allémanique, ainsi que de la Rhétie ou des Grisons. L'Helvétie subit, désormais, les lois de l'empire germanique, celles de ses grandes principautés et des villes impériales. De l'année 1032 à l'année 1307, environ, nous voyons fonctionner les *Diètes* locales ou Etats provinciaux et les *Landsgemeinde* ou assemblées populaires. Ces dernières étaient immémoriales dans les pays d'Uri, de Schwytz et d'Unterwald.

Les principaux administrateurs, au nom de l'empereur, furent les *Recteurs* de Bourgogne et les ducs de Souabe. Les ducs héréditaires de Bourgogne-Zœhringen étaient les *recteurs* de l'Helvétie occidentale et du centre. Fribourg, Berne, Berthoud et d'autres villes ou communes doivent leur origine aux ducs de Zœhringen.

Entre la fin du septième siècle et le commencement du treizième, les évêques de Lausanne, de Genève, de Sion, devenus de puissants princes, se déclarèrent indépendants. Les comtes de Savoie et de Vaud, ceux de Neuchâtel, tinrent la même conduite, au sud et à l'ouest de l'Helvétie. Les comtes de Kybourg, ceux de Habsbourg, les chapitres de Soleure et de Schaffouse, les princes-évêques de Bâle, les comtes de Toggenbourg, l'évêque de Coire, l'abbé de Saint-Gall, etc., avaient les mêmes prétentions dans la Suisse allemande et rhétienne. Les ducs de Milan réclamaient les vallées du Haut-Tessin et d'une partie des Grisons. Schwytz, Unterwald et Uri prétendaient relever uniquement de l'Empire. L'élévation de Rodolphe de Habsbourg à la couronne impériale réunit, pour un moment, la plus grande partie de l'Helvétie sous le gouvernement ou la suzeraineté de ce puissant prince.

II

Origines des premières Ligues ou Confédérations.

Les villes et bourgades, situées sur les bords du lac appelé des Waldstetten ou des Cantons-Forestiers, avaient toujours revendiqué leurs libertés et des rapports directs avec l'Empire. Ces cantons primitifs saisirent donc l'interrègne qui précèda l'avènement de Rodolqhe de Habsbourg pour limiter les prétentions de la noblesse. Leur exemple fut suivi par les autres villes et pays, (*gaw* en allemand), de l'Helvétie. Les confédérations, de ville à ville, de pays à pays, furent le moyen pratique de ces émancipations progressives. Les Waldstetten ou Cantons-Forestiers firent la première de ces ligues et furent surnommés *Eidgenossen* ou confédérés (12 août 1291).

Lorsque le duc Albert d'Autriche résolut de méconnaître les droits et les volontés des confédérés, depuis Zurich jusqu'à Berne et à Fribourg, il rencontra une résistance énergique et souvent la défaite. Bientôt la conjuration du Grütli (7 novembre 1307), réunit les hommes les plus énergiques des Cantons-Forestiers. On sait l'histoire et les prouesses de Guillaume Tell. La domination des baillis autrichiens disparut, ainsi, du centre de l'Helvétie. Le pacte de Brunnen rendit perpétuelle l'alliance jurée sur le Grütli. Ce pacte suivit la glorieuse victoire de Morgarten remportée sur Léopold, fils d'Albert, par les montagnards de Schwytz et d'Uri (1315). Lucerne, Zurich, Glaris, Zug et Berne, après sa victoire de Laupen (1339), entrèrent dans la ligue et formèrent ainsi l'union des huit anciens cantons. La victoire de Sempach, où mourut Winkelried, et celle de Nœfels consolidèrent cette union. On vit, alors, la noblesse ambitionner la combourgeoisie des villes confédérées.

Le nom de Suisses ou Schwytsois, en l'honneur de ceux de Schwytz, est alors donné aux confédérés de l'Helvétie, qui devinrent conquérants à leur tour, et eurent le courage de se faire la guerre au sujet de conquêtes incertaines ou indivises; mais ils n'en continuent pas moins d'étonner l'Europe occidentale, dans les journées de Saint-Jacques, près de Bâle (1444), contre les Armagnacs, et dans celles d'Héricourt, de Granson, de Morat et de Nancy contre Charles le Téméraire (1476-77). Fribourg et Soleure entrèrent alors dans la Confédération, qui compta ainsi dix cantons (1481). Les *huit anciens* avaient aggrandi leurs possessions du côté de l'Argovie, de la Thurgovie et de la Lévantine. Les Suisses furent recherchés comme mercenaires par différents princes; les premières capitulations militaires remontent à cette époque.

L'empereur Maximilien voulut, mais en vain, restreindre la marche envahissante des confédérés : les Suisses furent vainqueurs à Dornach (1499); Bâle, Schaffouse et Appenzell recherchèrent leur alliance, et la Confédération comprit, dès lors, treize cantons (1513).

Cette même année, les Suisses battirent Louis XII à Novarre, puis ils furent battus à Marignan (1515), et l'*alliance perpétuelle* des Suisses avec les rois de France fut conclue en 1516.

Les troubles excités par la Réformation ensanglantèrent une partie des treize cantons. Les luttes causées par Zwingle à Zurich, par Œcolampade à Bâle, par Farel à Neuchâtel, par Calvin à Genève, durèrent de longues années. Berne en tira le meilleur parti en s'annexant le pays de Vaud (1536). A la suite de la guerre de Trente-Ans, la Suisse prit place parmi les Etats souverains, et sa neutralité fut reconnue. La guerre des *paysans* ébranla, souvent, jusqu'en 1650 et au-delà, la tranquillité intérieure de la Confédération ; la révocation de l'édit de Nantes lui procura un surcroît considérable de population protestante.

Le dix-huitième siècle fut signalé en Suisse par des guerres civiles de religion et celles des paysans contre les nobles et les bourgeois des villes. Zurich était alors capitale ou *Vorort* des treize cantons, bien que Berne fut le plus puissant de tous (1700 à 1798).

III

La Suisse depuis la Révolution.

Le pays de Vaud, insurgé contre Berne, fut secouru par les Français (1798). Berne succomba. Tous les sujets des autres cantons imitèrent les Vaudois. Une nouvelle constitution unitaire fut imposée aux Suisses par le Directoire français. La République helvétique, composée de dix-huit cantons égaux, fut alors fondée et se maintint, malgré des soulèvements formidables, jusqu'en 1803.

A cette époque, Bonaparte, premier consul, donna, avec le consentement des députés de la Suisse, son *acte de médiation* qui n'était qu'une transaction entre l'ancien et le nouvel ordre de choses. Les dix-huit cantons s'appelèrent les dix-neuf, à cause de l'accession du pays de Vaud, et cet état de choses, réglé par une Diète nationale, dura onze années (1803-1814).

La neutralité suisse fut violée, vers la fin de 1813, par les troupes de la Sainte-Alliance, comme elle l'avait été par l'armée française et Masséna, en 1799. Le régime aristocratique fut remis en vigueur, çà et là, mais le Congrès de Vienne y mit bon ordre, en 1815; le *Pacte fédéral* remplaça l'*acte de médiation* et fut juré par l'Europe entière, aussi bien que par les cantons suisses, dont le nombre fut porté à vingt-deux par l'accession du Vallais, de Neuchâtel et de Genève (20 novembre 1815).

Les choses demeurèrent ainsi jusqu'à 1830, époque à laquelle plusieurs cantons prirent part à un mouvement démocratique. Dans le conton de Bâle, en particulier, le conflit entre la ville et la campagne aboutit à la séparation de cet Etat en deux demi-cantons, comme c'était déjà le cas pour Appenzell et Unterwald.

Mais, alors, le Pacte fédéral ne parut plus être en harmonie avec la marche progressive des principaux cantons. Après bien des vicissitudes, treize ou quatorze cantons se mirent d'accord pour élire une *Constituante fédérale*; l'opposition des petits cantons et du clergé catholique retarda cette élection (1835).

Jusqu'en 1847, la Suisse ne fut guère troublée que par les *notes diplomatiques* au sujet de l'espion Conseil et du prince Louis-Napoléon ; par les désordres qui suivirent la *conférence* de Baden, où les rapports des Etats avec l'Eglise avaient dû être modifiés; par la sécularisation des couvents de l'Argovie ; par l'agitation orthodoxe, soulevée à Zurich à l'occasion de la présence de Strauss, auteur de la *Vie de Jésus*; enfin, en 1845, par l'appel des jésuites à Lucerne, qui excita des mouvements en sens contraire, tels que l'expédition des *corps-francs*, jusqu'à ce que, en 1847, une majorité de douze voix s'étant formée dans la Diète pour décider le renvoi des jésuites, la minorité protesta et donna naissance au *Sonderbund*. Cette alliance séparée de plusieurs cantons ne céda qu'à la force des armes.

Comme conséquence immédiate, le Pacte fédéral dut être révisé. Une commision nombreuse, chargée de cette œuvre par la Diète de 1848, vit ses travaux acceptés par la majorité du peuple des cantons, le 12 septembre de cette même année. Le 28 novembre suivant, Berne fut choisie, à la place de Zurich, par l'Assemblée fédérale, comme capitale ou *vorort* des vingt-deux cantons.

Le canton de Neuchâtel, soumis jusque-là à l'autorité des rois de Prusse, quoique confédéré avec les vingt-et-un autres cantons, réussit, dans l'année 1848, à se débarrasser de la tutelle des monarques prussiens.

Le 30 avril de cette même année, une Constitution républicaine fut acceptée par le peuple de Neuchâtel, et, depuis lors, la Prusse n'a jamais cherché à revenir sur les faits accomplis.

La Constitution fédérale de 1848 fut remplacée, en 1874, par une nouvelle Constitution plus centralisatrice. C'est autour d'une concentration plus grande ou d'un lien fédéral plus relâché que les cantons et les partis s'agitèrent depuis lors. Les *Démocrates* soutiennent la plus grande souveraineté possible des cantons, tandis que les *Radicaux* voudraient encore resserrer le lien fédéral et faire de la Suisse une république à peu près unitaire, ou du moins répartie en trois ou quatre tronçons.

IV

Populations, religions et langues.

En 1880, la Suisse avait 2,840,000 habitants, dont 150,000 de race italienne dans le Tessin et quelques vallées des Grisons ; 45,000 Romanches ou Ladins dans ce dernier canton ; 650,000 de race romande dans les cantons de Vaud, Genève, Valais, Fribourg, Neuchâtel et Berne ; deux millions à peu près de race allemande dans le reste de la Suisse.

La Suisse possède, environ, un million et demi de protestants, un million de catholiques-romains ou ultramontains, soixante et quelque mille catholiques-libéraux ou nationaux, et huit à neuf mille israélites ou non chrétiens. Les cantons presqu'entièrement protestants sont Zurich, Glaris, Schaffouse,

Bâle, Neuchâtel et Vaud. Les cantons presqu'entièrement catholiques sont Uri, Schwytz, Unterwald. Lucerne, Zoug, Soleure, Fribourg, Valais et Tessin, Les autres cantons sont plutôt mixtes.

Il y a en Suisse trois langues principales : l'*allemand suisse*, dialecte de l'allemand, variant beaucoup d'un canton à l'autre ; le *français* et les *patois romands*, parlés par les suisses romands, dans l'ouest, le sud-ouest et le nord-ouest de la Suisse ; l'*italien* et les patois italiens parlés par la population italienne. Dans la Suisse allemande, une grande partie de la population ne comprend même pas le haut allemand (allem-suisse), tandis que, dans la Suisse romande, la population des campagnes elle-même comprend et parle le français. — Il existe dans les Grisons deux dialectes particuliers, le *ladin* et le *romanche* qui ont du rapport avec l'ancien latin.

V

Gouvernement.

La Suisse se compose de vingt-deux *cantons souverains* formant la *Confédération Suisse*. Les cantons sont souverains en tant que leur souveraineté n'est pas limitée par la Confédération et, comme tels, ils exercent tous les droits qui ne sont par réservés au pouvoir fédéral.

L'autorité suprême de la Confédération est exercée par une assemblée fédérale, composée de deux sections ou conseils, savoir le *Conseil national* et le *Conseil des Etats* ou Cantons. Le Conseil national se compose de députés du peuple suisse, élus dans les cantons, à raison d'un membre pour chaque 20,000 âmes de la population totale; — les fractions en sus de 10,000 sont comptées pour 20,000. Le Conseil national est nommé pour trois ans. Le Conseil des Etats se compose de quarante-quatre députés des cantons. Chaque canton nomme deux députés. Cette clause de la Constitution favorise spécialement les petits cantons, pour la plupart ultramontains et réactionnaires; le Conseil des Etats annule ainsi, très-souvent, des mesures libérales et progressives, décidées dans le Conseil national. Les lois fédérales et les arrêtés fédéraux ne pouvant être rendus, tout naturellement, qu'avec le consentement des deux Conseils.

L'autorité directoriale et exécutive supérieure de la Confédération est exercée par un *Conseil fédéral*, composé de sept membres, nommés pour trois ans par les Conseils réunis. Le Président du Conseil fédéral est nommé pour une année par l'assemblée fédérale, et a le titre de président de la Confédération. Son siège est à Berne.

L'administration de la justice, en matière fédérale, est exercée par un *Tribunal fédéral*, composé de neuf membres, nommés pour trois ans par l'assemblée fédérale. Il a son siège à Lausanne.

Les gouvernements cantonaux se composent d'un *grand Conseil* ayant le pouvoir législatif, et d'un *petit Conseil* ou *Conseil d'Etat*, appelé encore *Conseil exécutif*, ayant le pouvoir d'exécuter les lois et les arrêtés. Les cantons d'Unterwald, d'Appenzell et de Bâle se composent, chacun, de deux demi-cantons, formant des Etats distincts. Chaque demi-canton envoie un député au Conseil des Etats.

Dans les cantons d'Uri, Schwytz et Unterwald, la forme démocratique pure domine depuis un temps immémorial. L'Assemblée du pays, *Lands gemeinde*, nomme les principaux magistrats appelés *messieurs les présidents*, et un Conseil du pays, *Landrath*, sans lequel, *messieurs les présidents* ne peuvent gouverner. A la tête des présidents et des assemblées ou conseils, se trouve un magistrat suprême, appelé Landamman, annuel et rééligible, mais qui n'est réélu qu'après un intervalle d'une ou de plusieurs années.

VI

Climat et productions.

Le climat de la Suisse diffère d'un endroit à l'autre et varie en outre beaucoup, dans une même localité.

Il varie d'un endroit à l'autre, à cause des différences d'élévation. Ainsi les vallées basses ont un climat plus doux que le plateau qui, à son tour, est moins froid que les montagnes. Il varie encore à cause des différences de situation. Les localités tournées au Midi ont un climat plus doux que les localités tournées au Nord ; les localités éloignées des hautes montagnes sont généralement moins froides que celles qui en sont rapprochées.

Le climat présente de grandes variations dans une même localité, soit d'une saison à l'autre, soit d'un jour à un autre jour. Cela se comprend aisément. L'hiver, en effet, est long et froid, sauf dans quelques rares stations hivernales. Dans les montagnes, il est trés rigoureux et dure sept mois, même au-delà. L'été est, au contraire, ordinairement court et brûlant; il est chaud, même dans les endroits élevés. Dans les vallées basses, la chaleur est souvent excessive. Le printemps et l'automne sont très variables. Quand l'hiver se prolonge, l'on passe, presque sans intermédiaire, de l'hiver à l'été, avec de fréquents retours de froid. L'automne, souvent long, est humide et brumeux. C'est dans le voisinage des montagnes que l'on voit les changements les plus subits, d'un jour à l'autre; par exemple : un temps froid et pluvieux succède à une journée brûlante. Même en plein été, il n'est pas rare de voir tomber la neige sur les hautes montagnes.

D'après ce qui précède, on comprendra que les vallées du Tessin, étant la partie la plus basse de la Suisse et tournée au midi, auront aussi le climat le plus doux, climat déjà italien. Les contrées les plus favorisées à cet égard sont ensuite la partie inférieure de la vallée du Rhône, le bassin du Léman, la vallée du Rhin, de Coire à Bâle. Le Jura est, à hauteur égale, plus froid que les Alpes : ses vallées, largement ouvertes sont plus exposées au vent du nord et du nord-est.

La Suisse renferme des contrées fertiles, mais aussi beaucoup de lieux incultes et couverts de rochers. Ses principales productions sont : les fruits du midi, dans le Tessin, tels que les raisins, les figues, les mûres. Les forêts des châtaigniers s'y élèvent jusqu'à l'altitude de 900 mètres. La vallée du Rhône, celle de Viège à Genève, de l'Orbe et de l'Aar, le long du Jura, du Rhin entre Coire et Bâle, produisent des fruits du midi et, surtout, de beaux vignobles. En général, la vigne est cultivée avec succès dans ces vallées, sur les bords des grands lacs et sur les versants échauffés par le soleil, du sud-est au sud-ouest. — Les céréales, le chanvre, le lin, les arbres fruitiers croissent en abondance sur les plateaux, dans les vallées des Alpes et du Jura jusqu"à l'altitude de 900 mètres. Les légumes et les pommes de terre se retrouvent, partout, jusqu'à la hauteur de 1,500 mètres.

Ce qui distingue la végétation de la Suisse, ce sont ses belles prairies et ses excellents pâturages, sur les plateaux, dans les vallées et sur le flanc des montagnes. L'on trouve des pâturages alpestres jusqu'au pied des neiges éternelles; aussi le bétail suisse est-il renommé par sa beauté, de même que les produits de ses troupeaux : lait, beurre, fromage, demeurent sans rivaux, partout où des soins intelligents secondent une nature supérieure.

Les forêts s'arrêtent à la hauteur de 1,800 mètres, en même temps que les pâturages; le climat demeure froid alors, sauf de rares intervalles, même au plus fort de l'été. La région des *arbustes* et des *mousses* va de l'altitude de 1,800 mètres à celle de 2,500. — Enfin, au dessus de 2,500 mètres, on a les neiges éternelles, les mers de glace et une nature morte.

VII

Montagnes.

Le plateau suisse est limité par deux grandes chaînes de montagnes, les Alpes à l'est et le sud-est, et le Jura à l'ouest, au nord et au nord-est.

On peut envisager dans les Alpes la chaîne principale, les ramifications, les vallées et les cols. La chaîne principale se compose : 1° des Alpes Valaisannes, qui vont du Mont-Blanc au Saint-Gothard, entre la Suisse et le Piémont; 2° des Alpes Grisonnes, qui vont du Saint-Gothard au col de Reschen. La direction générale de la chaîne principale est du sud-ouest au nord-est, avec des zigzags très prononcés, au coude desquels se trouvent, ordinairement, les massifs les plus élevés : Mont-Rosa, Bernina.

Quant aux ramifications, elle sont nombreuses et considérables; ainsi 1° les Alpes Valaisannes forment le rameau qui sépare le Valais de la Savoie jusqu'au lac Léman et dont les sommités principales se nomment la *Dent du Midi* et la *Dent d'Oche*;

2° Les Alpes d'Uri, qui s'étendent du Saint-Gothard au Grütli et dont les sommités s'appellent le *Galenstock* et le *Titlis* ;

3° Les Alpes d'Unterwald, qui s'étendent du *Titlis* au *Pilate*.

4° Les Alpes bernoises, qui vont du *Galenstock* au

Rhône, vis à vis la *Dent du Midi.* Leurs principales sommités sont le *Finsteraarhorn*, le *Schrekhorn*, la *Jungfrau*, etc., à la frontière des cantons de Berne, Vaud, Valais; — les *Diablerets*, le *Grand-Muveran* et la *Dent de Morcles*, en la face *Dent du Midi.* Les sous-rameaux des Alpes bernoises forment, au nord, l'*Oberland Bernois*, si cher aux touristes.

Les 5e, 6e, 7e rameaux sont les Alpes Glaronnaises, qui vont de l'est au nord-est, en partant du Saint-Gothard et dont le point culminant est le Piz Rosein. Elles envoient un ramuscule qu'on nomme les Alpes de Schwytz jusqu'au lac de Zurich. Viennent ensuite les Alpes d'Engadine qui, du Septimer, vont au nord-est et jusqu'au nord-ouest par le *Rhæticon*, baigné par le Rhin; — les Alpes du Tessin, qui ne sont que les ramifications des Alpes vers le midi.

Citons quelques chaînes isolées qui se rattachent à l'ensemble de la chaîne Valaisanne, telles que les Alpes de Fribourg et du Simmenthal; les Kuhrfürsten, au nord du lac de Wallenstadt; les Alpes d'Appenzell, dont la sommité principale est le *Sentis.*

Le *Saint-Gothard* est le centre autour duquel se rattachent les principales chaînes des Alpes suisses; l'inspection seule d'une carte de la Suisse rend ce fait évident.

La Suisse ne possède pas la montagne la plus élevée de l'Europe. Le *Mont-Blanc*, en effet, est situé entre la Savoie et le Piémont, non loin de la frontière suisse.

Les Alpes suisses ont un grand nombres de vallées, parmi lesquelles, sept ou huit principales où les autres aboutissent.

1° Le Valais au vallée du Rhône, qui s'étend de

la Fourca au Léman, entre les Alpes valaisannes et les Alpes bernoises;

2° La vallée de l'Aar, qui s'étend du Grimsel à Thoune, entre les Alpes bernoises et celles d'Uri. La partie supérieure, jusqu'au lac de Brienz, se nomme le *Hasli*;

3° La vallée de la Reuss, qui va du Saint-Gothard au lac de Lucerne, entre les Alpes d'Uri, d'Unterwald et de Schwytz ;

4° La vallée de la Linth, depuis le Tœdi jusqu'au lac de Zurich;

5° La vallée du Rhin, qui commence à l'est du Saint-Gothard et s'étend jusqu'au lac de Constance;

6° L'Engadine, sorte de vallée privilégiée, quoique très élevée, et non loin des sources de l'Inn;

7° La vallée du Tessin, qui va du Saint-Gothard au lac Majeur et qui se nomme Lévantine, dans sa partie supérieure.

Quelques-unes de ces vallées, telles que la vallée du Rhin et le Valais, ont plus de 170 kilomètres; les autres ont un parcours de beaucoup inférieur à ce chiffre.

Les vallées des Alpes présentent une grande variété d'aspect : tantôt des défilés sauvages, tantôt des prairies mollement ondulées, quelquefois même des plaines fertiles; partout les plus grands contrastes.

Parlons, enfin, des *cols alpins*, qui forment le point de départ des Vallées. Souvent un col est à l'origine de deux vallées opposées et les met en communication. Les cols les plus importants sont ceux de la chaîne principale qui unissent la Suisse avec l'Italie. C'est sur ces cols que l'on a construit les grandes routes qui portent leurs noms : le *Simplon*, dans les Alpes valaisannes; le *Gothard*, dans les Alpes d'Uri et d'Unterwald; le *Bernhardin*, dans les Alpes grisonnes, ainsi que le Splugen et la Maloïa, le Grimsel, la Gemmi, dans les Alpes bernoises, etc., quelques-uns de ces cols, dans l'Oberland, dépassent 1,900 mètres.

Venons, maintenant, au second système de montagnes qui limite, à l'ouest et au nord, le plateau suisse et qui se nomme le Jura.

Le Jura s'étend du Rhône au Rhin, entre la France et la Suisse. Ses principales sommités, en France, se nomment le Crêt du Creux et le *Reculet*; la Dôle et le Mont-Tendre se trouvent dans le canton de Vaud. Le Jura suisse ne s'élève pas plus haut que le Jura français. Les principaux sommets ne dépassent guère 1,780 mètres.

Ce système de montagnes se compose de plusieurs petites chaînes parallèles, avec des vallées courtes et étroites. Les chaînes les plus élevées sont celles qui se rapprochent de la frontière suisse. Le mont *Chasseral*, au dessus du lac de Bienne, domine le Jura par sa masse imposante, de même que le Weissenstein, dans le canton de Soleure, attire les voyageurs par la vue splendide des Alpes dont il les fait jouir.

Les vallées principales du Jura suisse sont la vallée de Joux, entre le Risoux et le Mont-Tendre, dans le canton de Vaud; — le val de Travers, le val de Ruz, les vallées du Locle et de la Chaux de Fonds, dans le canton de Neuchâtel. — Dans le canton de Berne, le val Saint-Imier ou Erguel, le val de Tavannes, le val de Moutiers et celui de Laufon, formés par le cours de la Birse. — Dans le canton de Soleure, la vallée de Balsthal, et, dans l'Argovie, le Frikthal.

Les cols du Jura sont trop peu élevés pour que nous les mentionnions. Mais il faut remarquer, dans le Jura suisse, les *vallées hautes* et les *vallées basses.* Les premières sont des bassins peu étendus et fermés de tous côtés. Leurs eaux doivent quelquefois s'échapper par des conduits souterrains pour reparaitre dans une vallée basse. Les vallées hautes sont souvent marécageuses et occupées par des tourbières.

Les Alpes et le Jura sont donc l'encadrement du plateau suisse qui, enfermé dans les ramifications des deux systèmes montagneux, s'étend du lac Léman au lac de Constance. Ce plateau s'abaisse, suivant deux inclinaisons : l'une des Alpes vers le Jura ; l'autre, des hauteurs qui dominent le Léman vers le confluent de l'Aar et du Rhin. Indépendamment des vallées et collines isolées ou disposées en chaîne ou en embranchements, on y rencontre quelques plaines peu étendues : le Seeland, par exemple, ou pays maritime, compris entre les lacs de Neuchâtel, de Bienne et de Morat. Les principales collines du plateau suisse sont le Jorat, au nord du Léman, d'où souffle un vent impétueux; le Lindenberg, entre les cantons de Lucerne et d'Argovie : l'Albis, dans le canton de Zurich; le Schnabel et le Hœrnli, sur la frontière de Zurich; Saint-Gall et Thurgovie que l'on peut considérer comme le prolongement des Kührfürsten des Alpes.

VIII

Neiges permanentes, glaciers, avalanches.

La chaleur de l'atmosphère décroissant rapidement à mesure qu'on s'élève, il en résulte qu'à une certaine hauteur il règne un hiver perpétuel. En Suisse, la limite des neiges éternelles est à 7,500 ou 8,000 pieds au-dessus de la mer.

Mais on comprend que cette limite ne peut suivre une ligne uniforme et horizontale ; elle est plus ou moins élevée, suivant les diverses expositions, la nature des pentes, le voisinage plus ou moins immédiat des grandes hauteurs, etc.

Outre ces neiges éternelles, qu'on appelle, dans la Suisse francaise, des *Névés*, on trouve dans les Alpes des champs ou des vallons de glace qu'on nomme des *Glaciers* (en allemand Gletsche), et qui sont un des phénomènes les plus intéressants de ces montagnes. Ils proviennent d'énormes entassements de neiges, formés à une grande hauteur, soit par les vents ou par les avalanches, soit par les chutes successives qui ont lieu durant les hivers.

C'est un fait connu dès longtemps que tous les glaciers ont une marche lente et qu'ils glissent, insensiblement, vers la partie inférieure des vallons élevés qu'ils occupent. Cette marche des glaciers s'arrête en hiver pour recommencer au printemps. La cause principale de ce mouvement est la congélation de l'eau absorbée et distribuée dans l'intérieur des glaciers. La congélation augmente le volume de l'eau et communique une sorte d'expansion à toute la masse. Les glaciers diminuent quelquefois et semblent même se retirer à la suite des étés où la fonte a été considérable.

La surface et la figure des glaciers sont déterminées par le genre de sol sur lequel ils reposent. Les *crevasses* sont ordinairement transversales, c'est-à-dire, perpendiculaires à l'axe ou à la longueur des glaciers. Les *moraines* qu'on rencontre le plus souvent à la limite inférieure des glaciers sont un amas de débris que les tempêtes et les avalanches ont précipités du haut des montagnes qui, souvent, se décomposent et se réduisent en une espèce de terre boueuse. Ces débris forment quelquefois, vers le bord inférieur des glaciers, des collines de 100 pieds de haut.

On ne compte pas moins de 600 glaciers en Suisse, en ne mentionnant que les plus connus. Le canton des Grisons en possède 250 ; celui de Berne, 150 ; celui du Valais, 120. Il y a neuf cantons qui ne comptent pas un seul glacier. Il faut noter que plusieurs de ces lacs de glaces descendent au-dessous de la ligne des neiges éternelles. Le glacier inférieur de Grindelwald est celui qui descend le plus bas, soit jusqu'à la hauteur de 1,060 mètres, ou 3,200 pieds environ. Il est situé au nord et plus bas que le glacier du Finsteraarhorn, dans le canton de Berne, tout près des frontières du Vallais. C'est là qu'on rencontre le massif de glaciers le plus considérable, sans en excepter ceux qui entourent le Mont-Blanc et le Mont-Rose. Le plus long de ces glaciers a six lieues environ, c'est celui d'Aletsch, qui part du Finsteraarhorn et se termine au-dessus de Brigg. — Les dangers deviennent sérieux dans la visite de ces mers de glace, lorsqu'elles sont recouvertes d'une neige récente, assez épaisse pour masquer les crevasses.

Le phénomène de la *neige rouge*, qui a exercé, pendant longtemps, la sagacité des naturalistes, s'est laissé deviner par le docteur Schuttelwortht qui prouva, à l'aide de verres puissants, que les petits corps rougeâtres, envisagés d'abord comme des plantes, étaient tout semblables à des infusoirs et doués, comme eux, d'une nature animale.

Les avalanches ou Lavanges, en allemand *Lawinen*, sont des masses de neige ou de glace qui se précipitent du haut des monts et causent de grands ravages. Il y a trois ou quatre classes d'avalanches.

Les *poudreuses*, qui se produisent en hiver, dont la masse primitive se réduit en poussière et qui causent plus de mal par l'ébranlement de l'air que par leur poids. Les avalanches *en masse*, qui ont lieu vers le dégel et qui entraînent tout, sans presque se désagréger. Le vent du midi appelé *fœhn* (favonio en italien), est une cause principale de ces phénomènes. — Les *rampantes* font peu de mal tant qu'elles ne rencontrent pas de pentes plus rapides. — Les avalanches des *glaciers* ont lieu en toute saison, mais le plus souvent en été. Elles sont produites par la chute des blocs de glace qui se détachent, surtout, des bords inférieurs du glacier. — Les avalanches d'été ont lieu à des hauteurs inhabitées et ne causent point de mal. On les entend sans les voir, presque chaque jour de la saison chaude, aux environs de Chamonix et de Grindelwald.

On désigne sous le nom de *tourmentes* des ouragans

mêlés d'une abondante poussière de neige dont les effets sont fort redoutables pour les voyageurs. Les flocons de neige, en effet, font rougir et enfler la peau, empêchent de tenir les yeux ouverts, et égarent ainsi les voyageurs ou les font tomber dans les précipices. Ces tourmentes ont lieu, surtout, en hiver, et c'est pendant leur durée que les hospices établis sur les cols les plus hauts et les plus fréquentés rendent de véritables services aux voyageurs.

IX

Rivières et torrents. — Cascades et lacs.

Des immenses glaciers et des neiges éternelles qui couvrent les Alpes sortent, hiver et été, une foule de torrents et de ruisseaux, qui, en se réunissant, forment de grandes rivières dont le cours arrose les plaines lointaines et se termine dans les différentes mers qui baignent l'Europe.

Les quatre fleuves ou rivières par lesquelles s'écoule la presque totalité des eaux de la Suisse sont le Rhin, le Rhône, le Tessin et l'Inn.

Le Rhin, qui reçoit, à peu près, toutes les eaux du nord des Alpes suisses, et la grande partie des eaux du Jura suisse, est le plus beau des fleuves d'Europe. Il a ses sources dans le canton des Grisons et est formé de trois bras principaux : Rhin antérieur, Rhin du milieu, Rhin postérieur. Le Rhin est déjà une grosse rivière quand il sort des Grisons en séparant le canton de Saint-Gall du Tyrol. Il traverse, ensuite, le lac de Constance; puis, au-dessous de Schaffouse, il fait une chute remarquable, traverse Bâle où il quitte la Suisse, et verse ses eaux dans la mer du Nord, après un trajet de trois cents lieues.

Le plus considérable des affluents suisses du Rhin est l'Aar, dont les sources descendent du Finsteraarhorn. Il traverse les lacs de Brienz et de Thoune, la ville de Berne et se mêle au Rhin dans le canton d'Argovie. Chemin faisant l'Aar reçoit la Sarine, la Thièle, la Reuss, la Linth, qui sont alimentées elles-mêmes par un grand nombre de torrents.

Le Rhône sort, par plusieurs sources, d'un groupe de glaciers à l'occident du Saint-Gothard, près le passage de la Furka. Ce fleuve traverse dans toute sa longueur le Vallais. Une centaine de ruisseaux et de torrents lui amènent leurs eaux. Les plus considérables se nomment la Vège, l'Usenz, la Borgne ou Borne et la Dranse. Après une course de quarante lieues, environ, le Rhône entre dans le lac de Genève, et en sort au milieu même de la ville, pour se diriger vers Lyon et la Méditerranée.

Le *Tessin* reçoit presque toutes les eaux de la Suisse méridionale. Il sort du Saint-Gothard, traverse le lac Majeur et se jette dans le Po, près de Pavie.

L'*Inn* a ses sources dans la Haute-Engadine, vallée grisonne. Il arrose la Basse-Engadine, traverse le Tyrol, se jette dans le Danube et porte ainsi à la mer Noire quelques eaux de la Suisse. A côté de ces quatre principaux fleuves ou rivières, mentionnons le *Rham*, qui va grossir l'Adige; le *Poschiavino* et la *Maira*, qui se mêlent à l'Adda. Ces trois torrents descendent de l'Engadine, tandis que la *Broggia* sort du mont Generoso, pour se jeter dans le lac de Côme; la *Doveria* du Simplon, pour se mêler à la Toccia. Le Doubs entre en Suisse, vers le nord du canton de Berne, de même que l'Arve vient se mêler au Rhône suisse, un peu au dessous de Genève.

Après les montagnes et les glaciers, ce que la nature présente de plus admirable en Suisse, ce sont les lacs et les cascades. Nous nous bornerons à mentionner celles qui méritent le plus d'être visitées: 1° la chute du Rhin à Schaffouse; 2° la chute de la Handeck, formée de l'Aar dans la vallée du Grimsel; 3° celle de la Reuss près du Pont-du-Diable, au sortir de la vallée d'Urseren; 4° la cascade du Staubbach (ruisseau de poussière), vis-à-vis de Lauterbrunnen, dans l'Oberland bernois, qui se précipite d'une paroi haute de 800 pieds; 5° celle du Giessbach au-dessus du lac de Brienz; 6° celles de la Simme au fond du Simmenthal; 7° la cascade Schreienbach, dans le canton de Glaris; 8° du Pissevache près Martigny en Valais, et le saut du Doubs, au canton de Neuchâtel.

Aucun pays en Europe, sauf la Suède et la Finlande, ne possède autant de lacs que la Suisse. Les plus considérables sont les suivants: le lac de Genève ou du Léman, dont les rives appartiennent aux cantons du Vallais, de Vaud, de Genève et à la Savoie; sa longueur est de vingt-trois lieues métriques environ; sa plus grande largeur entre Rolle et Thonon est de quatre à cinq lieues, sa plus grande profondeur, près des côtes de Savoie, atteint 950 pieds. — le lac de Constance, dont les rives méridionales appartiennent aux cantons de Saint-Gall et de Thurgovie, la rive orientale à l'Autriche, celle du nord au canton de Schaffouse pour une faible partie. Il est un peu moins long mais plus large que le Léman; il est aussi moins profond. Il est partagé en deux parties par une presqu'île qui s'avance jusqu'en face la ville de Constance; — le lac Majeur, dont l'extrémité nord appartient au Tessin. Ce lac ne gèle jamais; — le lac des Quatre-Cantons ou Waldstætten (cantons forestiers), d'une forme irrégulière, avec plusieurs golfes profonds. C'est le plus haut des grands lacs de la Suisse; — le lac de Zurich, très long pour sa faible largeur; — le lac de Neuchâtel avec les lacs de Bienne et de Morat, situés en grande partie dans la Suisse romande-jurassienne et dans le Seeland bernois; — le lac Lugano, dans la partie méridionale du Tessin dont les deux extrémités appartiennent à la province de Lombardie; — les lacs de Brienz et de Thoune, dans l'Oberland bernois, sont les plus élevés parmi les lacs de deuxième grandeur; celui de Brienz est haut de 1,735 pieds métriques au-dessus du niveau de la mer. — Citons encore le lac de Wallenstadt, entre Saint-Gall et Glaris; celui de Zug dans le canton du même nom; celui de Joux, dans le Jura vaudois; ceux de Sempach et de Baldeck, au canton de Lucerne; celui de Hallwyll, au canton d'Argovie; ceux de Sarnen, dans l'Unterwald, et d'Egeri, dans Zug.

Quelques-uns des lacs suisses sont enfermés au milieu de hautes montagnes aux pentes rocheuses et abruptes; d'autres sont entourés de collines verdoyantes et couvertes de riantes habitations.

X

Chasse et pêche. — Blocs, fossiles et mines.

La chasse la plus renommée de la Suisse est celle du *chamois*. Cet animal ressemble beaucoup à la chèvre, et habite les montagnes qui dépassent la limite des neiges. Il faut beaucoup de hardiesse pour le suivre et l'atteindre. On en trouve encore dans les cantons de Berne, du Vallais, d'Uri, d'Unterwald, de Glaris, des Grisons et du Tessin. On ne peut les approcher que si l'on se trouve sous le vent. Beaucoup de chasseurs, après avoir poursuivi le chamois, ont fini par trouver la mort dans des crevasses et dans des précipices.

Une autre chasse est celle des *marmottes*, qui habitent dans des trous sur de hautes montagnes, non loin de la limite des neiges. On les prend tout engourdies ou à l'aide de trappes placées à l'un des trous. On la mange soit fraîche, soit salée ou fumée; sa graisse est employée pour des usages médicinaux. Les écureuils, blaireaux et renards sont très abondants dans la Suisse. — Quant aux *loups* et aux *ours*, ils sont devenus rares depuis que les Cantons ont accordé des primes à ceux qui s'en rendent maîtres ou qui les tuent. On trouve encore quelques ours dans l'Oberland, les Grisons, le Vallais et le Tessin.

Vu l'abondance de ses eaux courantes et de ses lacs, la Suisse a beaucoup de poissons. Elle possède, en particulier, les meilleures espèces du genre *saumon*. Près de Bâle, ce poisson est gros et abondant. L'Aar en donne aussi une grande quantité. Dans le lac de Constance, on en pêche qui pèsent de quinze à vingt livres; celui de Genève donne encore de plus gros saumons.

Les montagnes de la Suisse présentent au géologue bien des phénomènes à étudier; nous en avons choisi deux ou trois.

Le sol de quelques vallées et la plaine suisse sont recouverts de couches de sable et de gravier qui atteignent, quelquefois une assez grande épaisseur. Ces dépôts, appelés *diluvium* et *alluvium*, renferment souvent des blocs de dimensions considérables. L'attention des géologues, sans négliger ces masses de pierre amoncelées par les *diluvium*, s'est portée principalement vers les blocs isolés, appelés aussi *blocs erratiques.*

On rencontre de ces blocs le long d'un grand nombre de vallées des Alpes, et vis-à-vis leur débouché. On en a trouvé jusqu'à la hauteur de 3,000 pieds, dans les Alpes et le Jura. Le canton de Soleure et le mont Salève en contiennent beaucoup. Quelques-uns de ces blocs, très irréguliers d'ailleurs, ont jusqu'à 50 pieds de longueur. Ces énormes pierres ont été reconnues originaires de la grande vallée du Vallais et de ses ramifications. Les géologues ont démontré que plusieurs de ces masses se trouvaient, aujourd'hui, à cinquante lieues de leur ancien gisement.

On a supposé que ces blocs avaient été transportés par des eaux impétueuses ou sur des bancs de glace. On a dit encore qu'un soulèvement des Alpes avait offert un plan incliné sur lequel les débris auraient glissé. Depuis plus de trente ans, quelques géologues ont eu l'idée d'attribuer la dispersion des blocs à de vastes glaciers qui auraient rempli tout l'espace entre les Alpes et le Jura. Cette hypothèse hardie paraît aujourd'hui la plus vraisemblable, en raison de l'action mécanique des glaciers actuels sur les rochers, action que l'on a reconnu aux frottements et aux stries encore visibles dans quelques parties des principaux blocs erratiques.

Les *fossiles* de la Suisse se rencontrent, surtout, dans les terrains secondaires et tertiaires. L'existence même de ces fossiles sépare nettement les secondaires des primitifs. Ce sont des coquillages maritimes, des feuilles pétrifiées, diverses espèces de fucoïdes et de fougères. Le Jura appartient en entier aux terrains calcaires de la période secondaire; aussi possède-t-il une faune fossile très riche en coquillages maritimes : *mactres*, *mitres*, *saxiphages*, *limes*, *houlettes*, *bivalves* et *gastéropodes*, etc. Les mêmes espèces vivantes se retrouvent, aujourd'hui, aux antipodes de la Suisse, dans les mers de la Mélanésie et de l'Australie.

Les terrains tertiaires se composent essentiellement d'une *molasse*, quelquefois très-dure, et qui contient des empreintes de palmiers, des dépôts de *lignite*, des coquillages d'eau douce et salée, ainsi que des dents et des ossements d'animaux. Quand la *molasse* disparaît, on rencontre la *brèche* (en allemand *nagelflue*), laquelle est formée de cailloux arrondis, soudés par un ciment calcaire très-dur. Le Righi est composé de couches de *brèche*, absolument comme les montagnes aux flancs desquelles sont assises plusieurs villes du midi de la France vers la mer. En Suisse, comme en France, les couches de brèche alternent souvent avec des couches de sable pur ou de sable marneux.

La Suisse n'est pas riche en métaux. On y a découvert, il est vrai, et même exploité quelques filons d'or, d'argent, de plomb, de zing, etc., mais on a dû les abandonner, faute de produits rémunérateurs. C'est ce qui a eu lieu pour les mines d'or de *Gondo*, près du Simplon, celle du *Galandz* dans les Grisons, celles d'argent et de plomb dans la vallée de *Schams* (Grisons), etc. Les mines de fer de Suisse donnent, cependant, un produit considérable. Le Jura bernois fournit du minerai de fer et de cuivre en grande abondance. Soleure, Laufen près de Schaffouse, Chamozon en Vallais en produisent beaucoup. Malgré l'abondance du minerai, le nombre des hauts-fourneaux diminue, chaque année, en raison des fers de la Belgique qui se vendent meilleur marché, dans le Jura bernois, ainsi qu'à Soleure et à Schaffouse.

On exploite aussi une mine de *nickel* dans la vallée d'Anniviers en Vallais, et ce métal est utilisé pour la frappe d'une grande partie des monnaies suisses.

Les carrières de marbre d Unterwald et des Grisons sont très-estimées. Des traces de *houille* ont paru, çà et là ; on les exploite seulement dans le Nord. Le voisinage de Sion possède de *l'anthracite;* la *tourbe* est abondante dans plusieurs vallées hautes et basses.

Les mines de sel ne font pas défaut à la Suisse. La plus ancienne est celle de Bex, dans le canton de Vaud, exploitée depuis l'année 1554 ; celle de Schweizerhalle vient ensuite : elle se trouve dans le canton de Bâle. Les troupeaux suisses en consomment une grande quantité.

D'après ce qui a été établi sur la géographie de la Suisse, nous devrions diviser cet ouvrage en trois parties : la Suisse alpestre, la Suisse du Plateau et la Suisse du Jura. Si l'on a remarqué, toutefois, que le Plateau suisse se rattache surtout aux Alpes et au Jura, on comprendra aisément qu'il nous a été facile de distribuer, dans les deux grandes divisions des Alpes et du Jura, ce qui appartient au Plateau intermédiaire. C'est pourquoi ce travail comprendra deux parties : La *Suisse alpestre* et la *Suisse jurassienne*.

Nous avons eu recours aux auteurs les plus connus; nous les avons cités ou abrégés. Les ouvrages de MM. Gaullieur, Staub, Vulliemin, Berlepsch, Bœdeker, etc., ont été nos sources ; nous n'avons même pas craint de leur faire des emprunts considérables.

D***.

Année 1881.

NOTA. — Les différentes hauteurs sont indiquées, le plus souvent, en pieds métriques; il n'y aura donc pas de confusion dans l'esprit du lecteur.

LA SUISSE ALPESTRE

I

On peut, à l'aide d'une bonne carte, voyager en Suisse, sans sortir de chez soi. On ne verra pas, il est vrai, les lacs, les glaciers, les forêts, les monts splendides de cette pittoresque contrée ; mais il y a tant de descriptions connues et, depuis quelques années, surtout, de si bons *guides* ou *indicateurs*, que l'écolier, ami des livres de voyage, et le bon bourgeois, près de sa table et de son feu, peuvent se donner un grand plaisir et peu coûteux. Je ne dis rien de l'absence des risques et des mille inconvénients d'une course à travers les cantons alpestres; sans ces risques et ces misères, combien, cependant, qui ne seraient jamais partis pour les lacs des Quatre-Cantons, les sommets du Saint-Gothard ou ceux de l'Oberland-Bernois !

Je conduirai mon lecteur de Bâle à Lausanne, soit pour le voyage à travers les Alpes, soit pour celui du Jura et des lacs situés à ses pieds. Celui qui préfèrerait Lausanne, comme point de départ, se retrouvera sans peine, en intervertissant l'ordre de ma série. Nous irons dans les villes principales, comme sur le bord des lacs et aux pieds des montagnes, avec le choix de nos mouvements et de nos propres informations. Si l'on excepte peut-être Uri et quelques districts très élevés, les lignes ferrées atteignent l'intérieur de tous les cantons et le voisinage immédiat de la plupart des villes. Il me suffit donc, dans cette promenade à travers les chaînes alpines et jurassiques, d'indiquer les choses qui méritent d'être vues en donnant sur chacune : ville, bourgade, sommet, ruine, produit, etc., les renseignements nécessaires. Le voyageur fera le reste : ne faut-il pas lui laisser quelque mérite de recherche et d'invention ?

En route donc ! et si vous le permettez, brûlons la première étape jusqu'à Schaffouse ; il sera temps de parler de Bâle quand nous visiterons la chaîne du Jura, dont quelques rameaux constituent encore la partie montagneuse du canton que nous allons décrire.

En quittant Bâle et ses campagnes, on longe la rive droite du Rhin sur le territoire badois; on pourrait également suivre la voie ferrée qui côtoie la rive gauche, toutes les deux aboutissent à Waldshut d'où l'on voit la forêt noire et, peu après Waldshut, quelques échappées sur les Alpes. Après une courte traversée dans la Klettgau, (gaw ou gau veut dire pays, contrée), qui fait partie du duché de Bade et du canton de Schaffouse, on arrive à Neun-Kirch, d'abord, puis bientôt à la ville qui, selon l'usage hélvétique, sert à désigner le canton. César n'avait pas oublié ce détail local; il appelait *quatuor civitates* les quatre cités ou états des Waldstætten ou Cantons-Forestiers, situés sur les bords des lacs des Quatre-Cantons. Nous parlerons donc du canton ou de l'état en arrivant dans chaque capitale, petite ou grande. Les visites et les excursions ne doivent jamais nuire à l'histoire, à la statistique ni à la connaissance sommaire de ce qui fait la force, la renommée ou le caractère distinctif d'un pays.

Mais n'oublions pas que nous sommes en route pour la Suisse-Alpestre et qu'il nous faut, d'abord, parcourir les contrées suisses limitrophes du lac de Constance : Schaffouse, Frauenfeld et la Thurgovie, Saint-Gall ensuite et Appenzell où nous serons en plein pittorresque des Alpes. Il sera toujours temps, si Constance et son lac ne doivent pas nous occuper, de prendre le train à Saint-Gall pour Winterthur et Zurich.

Salut donc à Schaflouse, canton et ville ! pays des vieux bateliers (schaff scapha, bateau), dont la prospérité va grandissant chaque jour. On s'en convaincra à l'aide des notions suivantes.

CANTON DE SCHAFFOUSE

Situation, Etendue, Climat. — Le canton de Schaffhouse est le seul qui soit situé en entier, (sauf un faubourg de Stein), sur la rive droite du Rhin, et par conséquent hors des limites de l'ancienne Helvétie. Il est entouré presque de toutes parts par le grand duché de Bade ; seulement le Rhin forme sa limite au sud, sur une longueur de deux ou trois lieues, et le sépare des cantons de

Zurich et de Thurgovie. D'après les dernières mensurations, sa plus grande longueur est de sept lieues, et sa plus grande largeur de trois lieues. Toute la contrée est d'une salubrité remarquable. Bien qu'étant la ville la plus septentrionale de la Suisse, Schaffhouse a un climat assez tempéré; il en est de même de ses environs et de plusieurs vallons intérieurs, ce qui est dû aux collines qui les abritent contre les vents du nord. — Sa population est de 38,000 habitants.

MONTAGNES, VALLÉES, RIVIÈRES, etc. — Le canton ne possède que des collines élevées, qui sont comme le prolongement de la chaîne du Jura. Les principales sont : au nord-ouest, le Randenberg, dont le point culminant, le *Hohe-Randen*, a 2,814 pieds au-dessus de la mer; au nord-est, le *Reiat*, haut de 1,790 pieds; à l'ouest de Schaffhouse, la petite chaîne du *Klettgau*. La seule rivière considérable du canton est le *Rhin*, qui, à trois quarts de lieue au-dessous de Schaffhouse, forme la célèbre cataracte que nous décrirons plus bas; la hauteur du fleuve près du pont de Schaffhouse est de 1,180 pieds; au-dessous de la cataracte elle est de 1,108 pieds. Les autres cours d'eau sont sans importance à côté du Rhin. La *Bibern* ou *Biberach* coule le long du Reiat et arrose la vallée où sont Thaingen et Ramsem. Près de son embouchure dans le Rhin, ainsi qu'au nord de Thaingen, se trouvent deux villages qui s'appellent *Biber*. Ce nom, qui signifie castor, semble indiquer que cet animal vivait jadis sur les bords de celle-ci. La *Durach*, qui traverse la ville de Schaffhouse, arrose la vallée du Mühlental. La *Wutach*, qui a sa source au lac Titi, dans la Forêt-Noire, coule au-delà du Randenberg et forme sur deux points la limite du canton.

Histoire naturelle. — On trouve peu d'animaux sauvages dans le pays ; on n'y chasse guère d'autres quadrupèdes que des renards et des lièvres, et plus rarement des chevreuils et des écureuils.

Le mont Randenberg, ainsi que les environs de Schaffhouse, offrent quelques plantes rares; on a remarqué que la flore schaffhousoise présentait une grande ressemblance avec celle de Bâle et de Genève.

Le Randenberg est surtout renommé par le grand nombre de ses fossiles, dont plusieurs renferment des traces ou des restes d'animaux marins et de plantes. Dans les carrières d'Œningen, près de Stein, on trouve une espèce de roche jaune qui renferme beaucoup de pierres portant l'empreinte de plantes et d'insectes, etc., qu'on croit antédiluviennes. La couche remarquable de fer pisiforme (ou globuleux) qui s'étend sur tout le revers oriental du Jura, se montre aussi dans le canton de Schaffhouse ; on l'exploite près de Neunkirch, et l'on en tire une quantité considérable de minerai.

Histoire. — Lorsque les Romains unirent l'Helvétie à leur empire, la vallée du Klettgau était habitée par les *Latobriges*, peuplade de race gauloise. Sur la lisière occidentale du canton, la vallée de la

Wutach était la demeure des *Tulingiens*, peuple également gaulois. Ces deux peuplades étaient alliées des Helvétiens. Au nord du Randenberg et dans le Hœhgau, contrée qui commence à l'est de Schaffhouse, habitaient les *Vindéliciens*, nation germanique. Dans le 8e siècle, il n'existait sur l'emplacement de Schaffhouse que quelques habitations de bateliers occupés à passer les voyageurs, et des hangars pour servir de dépôt aux marchandises dont la chute du Rhin nécessitait le débarquement. C'est sans doute de cette circonstance que vient le nom de *Schaffhouse*, en allemand *Schaffhausen*, station de bateaux (*Schaff*, dérivé de *Scapha*, étant synonyme de *Schiff*, bateau), en latin *Scafhusum* ou *Scefhusum*. Au 9e siècle, les vallées voisines étaient déjà remplies de fermes ; un grand nombre de châteaux s'étaient élevés dans ces contrées, et les cabanes de pêcheurs avaient fait place à un bourg. En 1052, Eberhard de Nellenbourg, comte des vallées de Klettgau et de Hœhgau, possesseur d'immenses richesses et de vassaux nombreux, fonda à côté du bourg l'abbaye de Tous les-Saints (*Allerheiligen*), à laquelle il accorda plusieurs domaines. Le couvent de Tous-les-Saints compta bientôt jusqu'à 300 religieux, et ses richesses s'accrurent au point qu'il possédait 200 fermes. Schaffhouse, dont Burckhardt, fils du fondateur, avait donné la propriété à l'abbé, s'agrandit si rapidement, qu'en 1190 il obtint le titre de ville. Au 13e siècle, Schaffhouse obtint les priviléges de ville impériale et fut entourée de murs et de fossés. Les gentilshommes de Schaffhouse combattirent dans les armées de l'Autriche à Morgarten, à Sempach et à Næfels. Le duc Frédéric remit ou vendit à la ville une partie des droits qu'il avait sur elle; elle racheta, en 1411, le dernier droit qui restait à l'abbé, celui de nommer l'avoyer (*Schultheiss*). Schaffhouse était alors à son plus haut point de prospérité, et comptait 12,000 habitants; c'était une place de commerce importante, et le concile tenu à Constance contribua à augmenter encore son activité. En 1415, la ville profita de la mise au ban de l'empire du duc Frédéric pour recouvrer tous ses anciens droits. Schaffhouse avait déjà, depuis un siècle, contracté des alliances avec diverses villes, Bâle, Constance, Saint-Gall, Zurich, et, le 1er juin 1454, elle avait conclu une alliance de 25 ans avec Zurich, Berne, Lucerne, Schwytz, Zug, Glaris. — Schaffhouse apportait aux Confédérés de grands avantages, car elle était la clef de plusieurs passages importants du côté de la Souabe. En récompense de ses services, Schaffhouse fut reçu, en 1501, dans la Confédération comme 12e canton.

Les premiers réformateurs de Schaffhouse furent Séb. Wagner et Hoffmann, qui prêchèrent la Réforme en 1522, mais elle ne fut généralement adoptée qu'en 1529. Les moines abandonnèrent à la ville leurs couvents et leurs revenus. Pendant les 16e et 17e siècles, les anabaptistes excitèrent des troubles dans ses murs; il en fut de même des piétistes et d'autres sectaires au 18e siècle. En 1633, au milieu de la guerre de Trente Ans, plusieurs villages du canton furent pillés ou incendiés par les troupes françaises, espagnoles et suédoises. — Le gouvernement avait eu la sagesse de faire droit successivement à diverses réclamations de ses ressortissants; aussi, en 1798, n'y eut-il dans le canton aucune insurrection; mais il ne tarda pas à être occupé par les troupes françaises, qui le forcèrent à abolir sa Constitution, qui datait de 1689, et lui imposèrent la Constitution helvétique. En 1802, Schaffhouse se leva franchement contre le gouvernement helvétique, et en 1803 accepta avec empressement l'Acte de médiation. La Constitution faite en 1814 sous l'influence étrangère fut améliorée déjà en 1826. La Constitution rédigée en 1831 laissa encore à la ville une certaine prépondérance, qui fut diminuée par la révision de 1835. Quelques nouvelles modifications ont été faites encore en 1852, en général dans un sens plus démocratique.

Cultes. — Le canton professe la religion réformée, sauf un tiers de la commune de Ramsen, qui n'a été réunie à Schaffhouse qu'en 1799.

Un conseil d'Eglise, dont la moitié au moins doit se composer de laïques, a la surveillance sur tout ce qui concerne l'Eglise; il examine et admet les candidats au ministère.

Instruction publique. — Toutes les communes ont leur école. Les écoles sont divisées en 7 cercles, ayant chacun leur inspecteur spécial. Dès l'âge de

5 ans tout enfant *peut*, et dès celui de 7 il *doit* suivre les écoles : celles d'été jusqu'à 11 ans, et celles d'hiver jusqu'à 14. Il existe des écoles secondaires à Schaffhouse, à Stein, Neunkirch, Unterhallau et Schleitheim.

COMMERCE, INDUSTRIE. — L'agriculture est la principale industrie du canton de Schaffhouse; elle y a fait d'assez grands progrès; mais le sol, en général infertile, exige beaucoup de travail. Les forêts fournissent du bois en abondance. Les vignes du canton sont une des cultures importantes : elles fournissent un vin rouge qui passe pour un des meilleurs de la Suisse allemande. Cependant cette culture, qui est très-coûteuse, tend à diminuer, et les communes où elle existe sont les plus obérées. L'industrie proprement dite n'est pas négligée à Schaffhouse. Depuis 1836, le commerce de Schaffhouse a subi une rude atteinte par l'accession du grand-duché de Bade à l'association douanière allemande (*Zollverein*).

HOMMES DISTINGUÉS. — Schaffhouse n'est point dépourvu d'illustrations scientifiques, littéraires et autres. C'est surtout *Jean Müller* qui a illustré sa ville natale et a pris une des premières places parmi les historiens modernes. Müller, né en 1752, était petit-fils du pasteur Schoop, qui avait fait une collection de matériaux sur l'histoire suisse. Il se distingua par des progrès précoces et alla, en 1769, étudier la théologie à Gœttingen ; il en revint à 20 ans pour professer la langue grecque dans sa patrie.

En 1780 il se rendit à Berlin, où il fut accueilli avec distinction. Plus tard, il remplit, au service de l'électeur de Mayence, diverses fonctions diplomatiques, fut conseiller intime, puis ambassadeur à Rome. Après l'occupation de Mayence par les Français, il alla à Vienne, où il fut créé chevalier d'empire. En 1806, Napoléon le força à entrer au service du roi de Westphalie comme ministre secrétaire d'Etat et directeur général de l'instruction publique ; il eut le bonheur de sauver l'existence des Universités de Halle, Marbourg et Gœttingen. Le 29 mai 1809, il termina sa vie agitée à Cassel où le roi Louis de Bavière lui a élevé un monument.

Dans la carrière des sciences, nous nommerons *Wepfer*, père et fils, tous deux médecins célèbres du 17e siècle ; on venait les consulter de loin, et ils furent appelés pour exercer leur art auprès de plusieurs princes d'Allemagne ; *Peyer*, qui fit faire des progrès à l'anatomie ; *Conrad Ammann*, botaniste et médecin, qui étudia les moyens de faire parler les sourds-muets ; son ouvrage intitulé *Surdus loquens*, le *Sourd parlant*, a eu une grande célébrité ; *Jean Ammann* était botaniste aussi, et mourut en 1740 à Pétersbourg, où il était professeur d'histoire naturelle.

Mœurs, Coutumes, Caractère. — Le peuple de Schaffhouse est actif, industrieux et amoureux de l'ordre ; aussi l'aisance est-elle répandue dans toutes les classes de la société. Le Schaffhousois se distingue aussi par sa franchise et sa probité, par son hospitalité et par son dévouement au bien public. Ses demeures sont simples, mais d'une propreté recherchée. Bien qu'attaché sincèrement à la Suisse, il estime aussi beaucoup sa nationalité allemande.

SCHAFFHOUSE. — Sans posséder beaucoup de curiosités qui puissent retenir le voyageur, cette ville n'est cependant point sans intérêt. Aucune autre ville ni de Suisse ni d'Allemagne, sauf peut-être Nüremberg, n'a mieux conservé la physionomie et le caractère qu'elle avait au moyen-âge. Cela est dû en particulier à la circonstance que, depuis quatre à cinq siècles (1372), aucun de ses édifices n'a été détruit, ni par un incendie, ni par un tremblement de terre, ni par les désastres d'un siége. Elle contient donc, beaucoup plus qu'aucune autre ville, des bâtiments qui remontent aux 14e et 15e siècles. Quelques-unes de ces maisons sont couvertes extérieurement de peintures à fresque ; elles sont flanquées d'une tourelle percée de plusieurs petites fenêtres. La ville a plusieurs rues larges et régulières ; elle a conservé une enceinte, percée de six portes principales et de deux portes accessoires et munie, de distance en distance, de vieilles tours qui lui donnent un aspect assez pittoresque.

La cathédrale, commencée en 1004 dans le style byzantin, fut terminée en 1101 : elle était autrefois l'église abbatiale du prieuré de Tous-les-Saints. Les cloîtres gothiques sont assez bien conservés, mais l'intérieur a été modifié avec une complète absence de goût en 1753; il est supporté par douze colonnes, dont chacune a reçu le nom d'un apôtre (celle de Judas est fendue). La grosse cloche, fondue en 1486, porte l'inscription: *Viventes voco, mortuos plango, fulgura frango* (J'appelle les vivants, je pleure les morts, je brise la foudre), laquelle a donné à Schiller l'idée de son poëme célèbre (*la Cloche*). — L'église gothique de Saint-Jean a été contruite en 1120 et agrandie à diverses époques; elle est une des plus vastes de la Suisse. Une chapelle de l'ancien couvent de Tous-les-Saints a été consacrée au culte protestant français, et dernièrement aussi au culte catholique. Les autres édifices de la ville sont l'Hôtel-de-Ville, l'Hôpital, la Maison des orphelins, l'Arsenal, qui possède quelques canons donnés par Napoléon comme indemnité pour les pertes considérables que la ville avait subies à la suite des occupations françaises; le Cercle (*Gesellschaftsraum*) des négociants, avec une salle de bal. La bibliothèque possède une grande partie des livres de l'historien Müller, et compte plus de 20,000 volumes. Le fort *Unnoth* est un grand bastion circulaire, muni d'une grosse tour ronde; il fut bâti en 1561, dans un temps de disette, dans le but de donner de l'ouvrage aux indigents. Son nom est dû à cette circonstance, car il était construit *Ohne Noth* (sans nécessité); selon d'autres, ce nom vient de ce qu'étant dominé par des hauteurs, il ne peut guère servir pour la défense de la ville. On l'appelle aussi *Munoth*, et l'on fait venir ce nom de *munitio* (forteresse). Il contient des escaliers en forme de limaçon et de vastes souterrains; ses murs ont 18 pieds d'épaisseur, et ses voûtes sont à l'épreuve de la bombe. Il a été restauré dans ce siècle, au moyen de souscriptions volontaires de la bourgeoisie. Sur la promenade nommée *Fœsistaub* on a élevé un monument à l'historien Müller.

Les environs de Schaffhouse offrent de charmantes promenades; toutes les collines présentent de magnifiques vues lointaines; telles sont la *Hohefluh* (Haut rocher), à un quart de lieue à l'ouest; on y voit une grande partie des contrées d'alentour et les Alpes du canton de Berne jusqu'au canton de Vaud; la ferme *Wydlen*, à une demi-lieue à l'est de la ville, etc.; on peut aussi visiter quelques vallons retirés et champêtres.

Chute du Rhin. — Mais ce qui attire principalement les voyageurs, c'est la fameuse cataracte du Rhin, la plus grande de toutes celles d'Europe. On arrive à la chute en 40 minutes, en suivant la rive droite; il faut une heure si l'on suit la rive gauche sur le territoire zuricois. C'est de ce côté qu'elle se présente avec le plus de grandeur et de majesté et qu'elle cause l'impression la plus favorable. La chute porte le nom de *Laufen*, et donne son nom au château qui la domine sur la rive droite et qui appartient au peintre Bleuler. Sur l'autre rive, un peu au-dessus de la chute, est le village de Neuhausen avec des forges, et à côté même de la chute le petit château de Wœrth. Au-dessous du château de Laufen, le propriétaire a établi plusieurs stations, dont la plus basse est une galerie qui s'avance au-dessus du fleuve et qu'on appelle le *Fischetz ;* c'est de ce lieu que le spectacle est le plus saisissant et même presque effrayant. Entre le château de Laufen et la rive opposée, quatre grands quartiers de roc qui s'élèvent au-dessus du fleuve partagent la cataracte en cinq bras. La hauteur de la chute est de 50 à 60 pieds lors des basses eaux, de 75 pendant les grandes eaux ; la hauteur est un peu moindre sur la rive droite ; la largeur totale du fleuve est de 300 pieds.

Autres Excursions et ville de Stein — Les points les plus intéressants à visiter, à quelque distance de Schaffhouse, sont le signal du *Hohe-Randen*, à trois lieues et demie vers le nord ; on y aperçoit une grande partie de la Forêt-Noire, les cantons de Schaffhouse, Zurich et Thurgovie presque entier, le lac de Constance, et, sur le dernier plan, la chaîne des Alpes du Vorarlberg au Mont-Blanc. La vue est à peu près semblable, mais un peu moins étendue, sur le *Reiat*, près du village de Lohn, à deux lieues de Schaffhouse. On passe près du château de Herblingen, dont la position est aussi très belle. — *Stein* obtint, en 945, le titre de ville de Burkhard II, duc de Souabe ; quelques années plus tard elle fut entourée de murs. Elle eut beaucoup à souffrir en 1639, pendant la guerre de Trente ans. En 1799, Stein se réunit volontairement au canton de Schaffhouse, et l'Acte de médiation a maintenu cette adjonction. La ville de Stein est dominée par le château de *Hohenklingen*, dont nous avons mentionné la haute antiquité. Il est à 600 pieds au-dessus du Rhin; il était jadis la résidence des barons de ce nom : maintenant il n'y habite qu'un gardien pour le feu. La vue sur le lac de Constance et sur les Alpes y est magnifique. Un peu plus à l'ouest, sur la même colline, sont les restes du château de *Wolkenstein* (Pierre des nuages), où l'on a établi un belvédère. Enfin plusieurs localités voisines, situées sur le territoire badois, méritent d'attirer les visiteurs, particulièrement les vastes ruines de la forteresse de *Hohentwiel*, à trois ou quatre lieues au nord de Stein.

II

Le désir le plus naturel, quand on a vu Schaffhouse, et qu'on sent la fraîcheur du lac de Constance dans le voisinage, est de partir pour la Thurgovie, afin d'admirer ses riches coteaux, ses châteaux et ses vignobles qui se mirent dans les eaux profondes. On arrive ainsi à Constance, ville badoise qui semble, au premier abord, appartenir à la Thurgovie.

Ce n'est qu'après avoir visité la ville des Conciles qu'on profite des routes si nombreuses du lac à l'intérieur pour saluer la capitale thurgovienne, Frauenfeld, à moins que le touriste ne préfère rencontrer au plus vite les chaînes des Alpes, dans les cantons de Saint-Gall et d'Appenzell, voisins de la Thurgovie.

Quoi qu'il en soit, nous allons, avant d'entrer à Constance et à Frauenfeld, décrire la Thurgovie, comme nous l'avons fait pour le canton de Schaffhouse.

CANTON DE THURGOVIE

Situation, Etendue, Climat. — Le canton de Thurgovie est borné, à l'ouest, par le canton de Zurich; au sud, par celui de Saint-Gall; au nord-est, par le lac de Constance, et au nord, par le Rhin et par le lac Inférieur, qui le séparent du canton de Schaffhouse et du grand-duché de Bade; sa population est de 98,000 habitants, sa plus grande longueur, de douze à treize lieues, et sa plus grande largeur, de sept à huit. Vu l'absence de hautes montagnes et la direction générale des collines de l'est à l'ouest, le climat est plus tempéré que celui des cantons de Saint-Gall, d'Appenzell et des cantons intérieurs de la Suisse. Les pentes exposées au sud ont naturellement une température plus douce que celles exposées au nord ; cependant, sur la pente voisine du lac, l'hiver est adouci par de fréquents brouillards, qui prolongent l'automne et accélèrent le printemps.

MONTAGNES, RIVIÈRES. — Le point culminant du canton est la sommité du *Hœrnli*, située à l'extrémité méridionale du canton, et à laquelle confinent aussi les cantons de Saint-Gall et de Zurich. Sa hauteur est de 3,098 pieds au-dessus de la mer, ou de 1,873 au-dessus du lac de Constance. Le Hœrnli et quelques autres sommités du voisinage sont les seules qui puissent mériter le nom de montagnes, et qui se rattachent aux ramifications des Alpes. La *Thour*, qui donne son nom au canton, le partage de l'est à l'ouest ; elle reçoit près de Bischofzell la *Sittern*, qui lui amène les eaux du canton d'Appenzell. Elle s'enfle quelquefois considérablement au moment de la fonte des neiges du Toggenbourg et d'Appenzell, et elle est navigable à l'époque des grandes eaux. La *Mourg* prend ses sources aux environs du Hœrnli et non loin du château du Vieux-Toggenbourg ; elle se joint à la Thour au-dessous de Constance jusqu'au Zeller-See, puis au-dessous de Stein jusqu'au couvent du Paradis.

Lacs. — Une partie du beau lac de Constance appartient au canton de Thurgovie. Ce lac emprunte son nom français à la plus célèbre des villes situées sur ses bords; il s'appelle en allemand *Bodensee*, vraisemblablement du nom du château de *Bodmann*, situé près de l'extrémité nord-ouest, et qui, au temps des rois Carlovingiens, était une propiété royale et la résidence ordinaire des gouverneurs de la contrée. Les Allemands lui donnent aussi quelquefois le nom de *Mer de Souabe.* Les Romains l'appelaient *Lacus Brigantinus*, du nom de la cité Brigantia, maintenant la ville autrichienne Bregenz. Le lac se divise en deux parties, qui sont réunies par le Rhin et qui sont proprement deux lacs différents. Le grand lac, ou lac Supérieur, porte encore ordinairement le nom de lac de Bregens, *Bregenzer-Sée*, et le golfe du nord-est porte celui de lac d'Ueberlingen, qu'il emprunte à une ville située à son extrémité. Quant au petit lac, on l'appelle *Untersee* (ou *lac Inférieur*), ou *Zeller-See*, du nom de la ville de Radolfzell. Le lac de Constance est traversé par le Rhin, qui a son embouchure à l'extrémité sud-est, et qui lui amène les eaux des Grisons et du Vorarlberg. Quant aux eaux des cantons d'Appenzell. Saint-Gall et Thurgovie, elles s'écoulent presque toutes par la Thour, qui ne se réunit au Rhin qu'au-dessous de Schaffhouse. La superficie totale du lac est de 25 lieues carrés. Le développement de ses côtes (les deux lacs compris) est de 40 à 42 lieues, et se répartit entre sept Etats. — La hauteur moyenne du lac au-dessus de la mer est de 1,225 pieds. La profondeur du grand lac est en beaucoup d'endroits de 5 à 700 pieds; elle est de plus de 800 entre Friedrichshafen et Lindau.

Histoire naturelle. — L'ornithologue ne fera pas sans intérêt un séjour près du lac. La chasse y est si abondante, que jadis l'évêque de Constance n'avait pas de scrupule, durant la saison la plus favorable, de dispenser les chasseurs de la célébration des jours saints, et considérait comme une faveur signalée le privilége de la chasse aux canards, qu'il accordait à ses amis les bourgeois de Constance. — Le lac Antérieur contient 26 à 27 espèces de poissons ; les plus abondants sont le lavaret, le lavaret blanc, et le lavaret bleu.

Une végétation variée couvre le pays; on y cultive les céréales, la vigne, le lin, le chanvre, les arbres fruitiers, etc. Mais c'est surtout à la végétation de ces derniers, ainsi qu'à celle des forêts, que le sol du pays, par sa nature, se trouve particulièrement propice.

La plus grande partie des collines du canton sont formées de mollasse; ce sont seulement les hauteurs méridionales près de Bischofzell et de Gabris et celles du Hœrnli, qui présentent des couches de brèche. Sur les deux rives de la Thour, on observe sur le flanc des collines des bancs horizontaux de cailloux roulés, de mollasse à grains fins et de marne sablonneuse alternant ensemble. La mollasse est en général tendre ; ce n'est qu'en quelques localités qu'on peut l'exploiter comme pierre à bâtir. Sur divers points de la Haute-Thurgovie, on voit des blocs erratiques, dont plusieurs sont de roche primitive ; ainsi à Romanshorn, non loin du rivage, se trouve un bloc de granit de 27 pieds de diamètre. Deux blocs de chlorite, de dimensions pareilles, sont à 400 pieds au-dessus du lac, sur la hauteur de Birwinken ; beaucoup de ces blocs ont été employés comme pierres de construction.

Antiquités. — On a découvert des antiquités romaines et celtiques sur divers points du canton, particulièrement à Eschenz, à Pfyn, à Wydenhub près Bischofzell, et à Arbon. On trouve souvent à Eschenz des monnaies romaines du temps de l'empire. Pendant les basses eaux on voit les traces d'un pont qui servait aux Romains pour passer à la petite île de Werd. Le voisinage de la forteresse de *Gaunodurum* (vis-à-vis Stein), dont les fondements existent encore, paraissent avoir engagé à créer plusieurs villas près d'Eschenz. On n'a pu décider si le caveau funéraire qu'on a découvert il y a quelques années dans ce village, date de la fin de l'époque romaine, ou du siècle mérovingien, ou d'une époque plus récente encore. Trois tertres funéraires que l'on voit près d'Altenklingen, sont aussi d'une haute antiquité.

En travaillant à la route de Steckborn à Berlingen en 1830, on a trouvé des monnaies carlovingiennes et mauresques qui datent du temps de l'empire des Francs. La tour du château de Bischofzell a été construite vers l'an 910 par l'évêque Salomon, qui y chercha un refuge contre les invasions des Huns; l'église de cette ville date de la fin du même siècle. On fait remonter aussi au 10e siècle les figures de Joseph, de Marie et des apôtres Pierre et Paul, qui sont murées dans la chapelle des pauvres à Kreuzlingen.

HISTOIRE. — La Thurgovie faisait partie de la grande province helvétienne des *Tigurini*, qui était comprise entre le cours du Rhin et celui de la Limmat. Quand les Romains eurent dissous la Ligue des Helvétiens et réduit la plus grande partie de leur pays en province, les Rhétiens étendirent momentanément leurs frontières jusqu'au milieu de la Thurgovie, où les Romains bâtirent la forteresse *Ad Fines*. Vers l'an 180 commencèrent les invasions des Suèves et des Allémani. Vers l'an 370, les Allémani occupèrent complètement le pays; mais quand ils furent vaincus par Clovis, en 496, l'Helvétie tomba aussi sous la domination franque. La propagation de l'Evangile sur les bords du lac fut activée d'abord par la translation de l'évêché de Vindonissa (*Windisch*) à Constance, en 560, et plus encore par l'arrivée de saint Gallus avec son maître Colomban et plusieurs compagnons de voyage. Gallus, après avoir séjourné quelque temps à Arbon, alla fonder un ermitage au milieu des forêts; puis il revint à Arbon, où il mourut vers l'an 640.

Durant le 7e siècle et une partie du 8e, la Thurgovie fit partie d'un duché de Souabe ou d'Allémanie, qui fut envahi par Charles Martel et par Pepin, et supprimé en 751. Au commencement du 10e siècle, le pays fut ravagé par les Huns. Vers cette époque, le comte Burkhard s'éleva à la dignité de duc de Souabe; le comté de Thurgovie fut dès-lors gouverné par un vicaire ou lieutenant du duc, ainsi que par la noblesse inférieure; les vassaux et le peuple furent plus opprimés que jamais. A la tête de la noblesse de Thurgovie étaient les comtes de Winterthour, qui avaient leur résidence au château de Kybourg; ceux de Wülflingen, et ceux de Toggenbourg, dont les châteaux s'élevaient dans les vallées de la Thour et de la Mourg. Beaucoup de nobles prirent part aux expéditions vers la Terre-Sainte. En 1264, le comté de Kybourg, et en même temps le landgraviat de Thurgovie, passèrent par héritage, du comte Hartmann de Kybourg au comte Rodolphe de Habsbourg, lequel, plus tard, fut élevé à la dignité souveraine. Le temps de la chevalerie approchait de sa fin.

Les gentilshommes de Thurgovie servirent dans les rangs des armées autrichiennes aux batailles de Morgarten, Sempach, Næfels, et un grand nombre d'entre eux y trouvèrent le trépas; mais ils eurent encore plus à souffrir des guerres contre les Appenzellois. Après leurs victoires à la Vœgeliseck et au Stoss, ces derniers parcoururent toute la Thurgovie, brûlant et pillant les châteaux; et appelant partout le peuple à l'émancipation. Lors de la guerre de 1499, Constance expia sa fidélité à l'empire par la perte des droits de juridiction qu'elle avait conservés encore sur ce même pays. Ces droits passèrent aux sept anciens cantons, et l'empereur Maximilien fut forcé d'abandonner formellement à ces cantons l'exercice de sa souveraineté. Les Thurgoviens avaient espéré qu'ils seraient traités par les Suisses comme des frères et des alliés; mais les Gouvernements des sept cantons leur envoyèrent des baillis et des juges, et les gouvernèrent de la même manière que des souverains.

Dès que Zurich, Schaffhouse et Saint-Gall eurent adopté la Réforme, les habitants de la Thurgovie s'empressèrent de se prononcer aussi dans le même sens. Cette émancipation religieuse fut accompagnée d'une tentative d'émancipation politique. Durant la guerre de Trente Ans, les nobles montrèrent peu de bonne volonté à défendre le pays dans l'intérêt des cantons souverains; c'est alors que fut institué un corps composé de représentants des communes, lequel fut chargé de veiller à la sûreté extérieure, mais qui s'occupa aussi d'intérêts d'une autre nature. A la suite de la guerre du Toggenbourg, en 1712, Berne obtint d'être associé au partage de la souveraineté avec les sept autres cantons. Dès cette époque, la concorde et la tolérance firent de grands progrès dans le pays. Quelque temps avant les évènements de 1798, on s'était occupé de faire disparaître l'état de servage qui pesait encore sur les paysans thurgoviens; mais, le

2 février, une assemblée populaire, qui eut lieu à Weinfelden, réclama l'indépendance complète du pays et son admission dans l'alliance des Confédérés; les envoyés des huit cantons, craignant l'approche des Français, durent accéder à ces demandes, sous réserve de ratification. En 1814, on restreignit le droit électoral des citoyens, en confiant le choix des deux tiers des députés à un collége aristocratique. Le 22 octobre 1830, une assemblée réunie à Weinfelden adressa une pétition au Grand Conseil pour demander une révision de la Constitution. La nouvelle Constitution, acceptée le 26 avril 1831 par les assemblées électorales, a été révisée partiellement en 1837 et en 1849. Elle est entièrement démocratique.

Agriculture. — Le pays est plus agricole que manufacturier; les vallées sont larges et les collines ont des pentes douces; le sol, quoique loin d'être partout d'une nature fertile (car se composant principalement d'argile, il est plutôt dur et froid), est néanmoins susceptible, en général, d'être fertilisé au moyen des engrais; aussi y a-t-on dès longtemps introduit un grand nombre de cultures différentes. On cultive dans le pays une grande quantité de lin, dont le produit est travaillé par les ouvriers indigènes; on cultive aussi beaucoup de céréales. Les prairies sont en général mal entretenues, et les prés artificiels peu nombreux. La culture des arbres fruitiers est beaucoup mieux entendue ; il est peu de pays où elle ait acquis un développement aussi remarquable que dans la Thurgovie (et le district saint-gallois de Rorschach). Les maisons et les villages sont entourés de vergers, et on plante aussi beaucoup d'arbres à fruits au milieu des champs, de sorte que dans certains districts ils paraissent former une espèce de forêt. La plus grande partie des pommes et des poires est employée à faire des vins de fruits ; quand il est bien préparé, ce cidre peut se conserver, et acquiert la saveur et le piquant d'un véritable vin.

La disposition des collines de la Thurgovie la rendait éminemment propre à la culture de la vigne ; aussi paraît-elle y avoir été importée en quelques localités dès les 8e et 9e siècles ; au 17e, elle avait pris une telle extension, qu'on fut obligé, par un règlement, de prévenir une trop grande réduction de la culture du blé. Actuellement, elle occupe 6 à 7,000 arpents, soit un trentième de la surface cultivable. On la voit particulièrement le long du lac et du Rhin, dans la vallée de la Thour et dans la partie inférieure de celle de la Mourg. Quant à la qualité, les vins de Thurgovie sont sur la même ligne que ceux de Zurich et de Schaffhouse.

Hommes distingués. — La poésie fut cultivée au 12e et au 13e siècle par plusieurs gentilshommes thurgoviens. Le grand et beau poëme *Lancelot du lac*, dû à *Ultrich de Zazikofen*, est un des monuments les plus anciens (1192) et les plus remarquables de la littérature allemande. Les seigneurs de Zazikofen étaient vassaux des comtes de Toggenbourg. Les ruines de leur château sont situées près de Wildenrain, au-dessus de Zezikon. *Henri de Klingenberg*, évêque de Constance, doit avoir travaillé à une collection des chants des troubadours allemands, et en avoir composé lui-même plusieurs. Le baron de *Lassberg* a publié, il y a trente ans, une collection d'anciens poëmes allemands (*Liedersaal*, salle des chants), une édition de celui des Niebelungen, d'après un manuscrit qu'il possédait, etc.

Frauenfeld. — Cette petite ville, chef-lieu du canton, comptait, en 1860, 3,111 habitants, dont 600 catholiques. Elle est située au milieu d'une plaine arrosée par la Mourg, dont le cours est utilisé pour un grand nombre de manufactures. Ses maisons sont bien bâties, et ses rues larges et droites. La Diète helvétique s'est souvent réunie dans son Hôtel-de-Ville. Elle possède deux églises, une protestante et une catholique; une prison, un arsenal, une école secondaire et des classes supérieures. Son vaste château, qui s'élève sur un rocher, produit un effet imposant; sa tour est construite en gros blocs non taillés; il doit dater au moins du 11e siècle, et fut bâti par un parent ou un vassal des comtes de Kybourg; il servit plus tard de résidence aux baillis suisses. Du côté du sud est un couvent de capucins, dans le voisinage duquel eut lieu, le 25 mai 1799, un combat entre les Autrichiens et les Français commandés par Oudinot. Les Suisses auxiliaires s'y conduisirent bravement; le général

Soleurois Weber, qui les commandait, fut tué ; on lui a élevé un monument sur la place même où il tomba ; il est à quelques pas de la route de Saint-Gall, sur la droite.

Weinfelden est un gros bourg. Il est à peu près au centre du canton, et séparé de la Thour par des champs fertiles ; il est dominé, du côté du nord, par des vignobles qui s'élèvent contre la pente du mont Ottenberg, et qui donnent un vin estimé. Cette montagne, ainsi que le château situé vers le milieu de la pente, présentent un beau panorama.

Bischofzell. — En remontant la vallée de la Thour, on arrive à Bischofzell, petite ville bâtie sur une colline, à la jonction de cette rivière avec la Sittern. On y remarque l'hôtel-de-ville et un vieux château, qui fut une résidence des baillis. Bischofzell doit avoir été bâti au commencement du 10e siècle par l'évêque Salomon III, qui y chercha un refuge contre les invasions des Huns. La tour du château date probablement de cette époque. On passe la Thour sur un pont fondé dans le moyen-âge par une dame noble dont les deux fils s'étaient noyés en voulant traverser la rivière.

Arbon. — Cette petite ville est située dans une contrée riche en vignes et vergers ; elle compte moins d'un millier d'habitants, mais elle renferme de vastes jardins dans l'intérieur de ses murailles. La vieille tour du château rappelle par sa construction singulière l'architecture mérovingienne ; mais le château lui-même fut bâti dans le commencement du 16e siècle pas l'évêque Hugo de Landenberg. De son jardin l'on jouit d'une belle vue sur le lac Supérieur et sur les montagnes d'Appenzell et du Vorarlberg.

Romanshorn ou Romishorn. — Ce village occupe l'extrémité d'un petit promontoire situé à peu près à égale distance de Constance et de l'embouchure du Rhin. On suppose que les Romains ont eu une station en ce lieu dès le 2e siècle, et on leur attribue la construction de murailles, dont on voit quelques restes. Romanshorn a un bon embarcadère sur le lac ; la voie ferrée qui vient maintenant y aboutir, fera acquérir à ce lieu une plus grande importance.

Constance. — En continuant à suivre les bords du lac, on passe aux grands villages de Kesswyl et de Güttingen, et près des couvents de Münsterlingen et de Kreuzlingen. C'est près de ce dernier, et à l'endroit où le Rhin sort du lac Supérieur, qu'est la célèbre ville de Constance, qui a joué jadis, ainsi que ses évêques, un si grand rôle dans l'histoire de la contrée. Elle fut fondée en 297 par Constantin Chlore, sur l'emplacement d'une forteresse nommée Valeria, que les Allémani avaient détruite. Son évêché, fondé en 630, a compté une série de 87 évêques. Durant le moyen-âge, Constance eut le rang de ville impériale, et acquit un haut degré de prospérité ; sa population, réduite aujourd'hui à 5 ou 6,000 habitants, s'éleva jusqu'à 40,000. Le fameux Concile qui s'y tint de 1414 à 1418, y attira une immense affluence d'étrangers. Au commencement du 16e siècle, elle demanda, mais en vain, d'être admise dans la Confédération. La Réformation y fit des progrès si rapides, que l'évêque et plusieurs chanoines durent se retirer; mais plus tard le culte catholique y fut rétabli, et Constance se vit contrainte, en 1559, de se soumettre à l'Autriche. L'évêché perdit ses possessions en 1802, et trois ans plus tard la ville fut réunie au grand-duché de Bade par le traité de Presbourg. La cathédrale a été bâtie en 1048, mais le chœur et d'autres parties ont été reconstruites au 13e siècle; on y voit des sculptures intéressantes. On montre dans le bâtiment de la douane, construit en 1388, la salle où se réunit le Concile. On montre encore la maison où Jean Huss fut arrêté (c'est la deuxième à droite après le Schnetzthor). Son bûcher fut élevé devant la porte occidentale, au sud de la route de Zurich. Sur le même emplacement fut brûlé, l'année suivante, Jérôme de Prague. — A une lieue et demie de Constance, dans le golfe d'Ueberlingen, est située la petite île de Meinau, autrefois le siége d'une commanderie de l'ordre teutonique. Cette île, qui n'a qu'une demi-lieue de tour, est jointe à la terre ferme par un pont de chevalets long de 650 pas. Elle s'élève en terrasse, et offre une magnifique vue; aussi l'a-t-on surnommée l'Isola Bella du lac de Constance.

Gottlieben, Arenenberg. — Près de l'endroit où le Rhin entre dans le lac Inférieur, se trouve le village de Gottlieben, avec un ancien château, qui date, dit-on, du 10e siècle, et dans lequel Jean

Huss, Jérôme de Prague et le pape Jean XXII furent détenus par ordre du Concile. C'est à une lieue plus à l'ouest que sont le château et le parc d'*Arenenberg*, qui ont appartenu à la comtesse de Saint-Leu (Hortense Beauharnais), ex-reine de Hollande, puis à son fils, le prince Louis-Napoléon. Une série d'autres châteaux s'élève sur les hauteurs voisines : celui du *Hard*, celui de *Wolfsberg* ou *Wolfstein* (Pierre du Loup), qui, ainsi que les ruines pittoresques du château de *Salenstein*, a appartenu au colonel français Parquin. Celui d'*Eugensberg*, qui fut construit par le vice-roi d'Italie, Eugène Bauharnais.

Hohenrain, Reichenau. — Les châteaux susmentionnés jouissent, du côté du nord, de vues ravissantes, mais ils sont tous dominés par la hauteur de Hohenrain. Ce point commande un panorama très-étendu. Du côté de l'ouest seulement, la vue se trouve bornée par la sommité de Hombourg, distante d'une demi-lieue ; mais, vers le nord-ouest, l'œil distingue au-delà du lac les collines volcaniques du Hégau ; au milieu du lac Inférieur, la belle île de Reichenau avec sa célèbre abbaye ; en se tournant vers le nord-est et vers l'est, on aperçoit les villes de Constance et de Mœrsbourg, puis la vaste étendue du lac Supérieur, les tours lointaines de Lindau, les montagnes de Bregenz ; par-dessus les cimes appenzelloises du Gæbris et du Kamor, on voit s'élever les sommets glacés du Montafoun et des Grisons. Vers le sud et le sud-ouest, reparaît, dans toute sa splendeur, la ligne des Alpes de Glaris, Uri, Unterwald et de l'Oberland bernois, jusqu'au Stockhorn. Dans un rayon plus raccourci, on voit devant soi la plupart des collines du canton, l'Ottenberg, le Gæbris, etc. — Ajoutons quelques mots au sujet de l'île badoise de Reichenau. Cette île, longue de cinq quarts de lieue, sur une largeur de demi-lieue, renferme deux villages et un cloître de bénédictins, qui fut sécularisé en 1799, et dont la fondation remontait à l'an 724. Cette abbaye atteignit un haut degré de splendeur et de puissance. L'église, qui fut consacrée en 806, contient plusieurs anciens monuments, entre autres le tombeau de Charles-le-Gros, arrière-petit-fils de Charlemagne, détrôné en 887, et qui se retira dans l'abbaye où il mourut en 888. On voit aussi dans l'île les ruines du château de Schœpflen. Elle est entièrement couverte de vignes, qui produisent un vin très-renommé. Près de la croix plantée sur la colline la plus élevée de l'île, on découvre une vue magnifique.

Steckborn, Eschenz. — Sur les bords du golfe étroit qui s'étend jusque près de Stein, est située la ville de Steckborn, bâtie sur une petite langue de terre élevée, entourée de murs, avec des alentours couverts de vignobles. Elle a un vaste Hôtel-de-Ville, une maison de pauvres, une église mixte bâtie 1766, deux écoles élémentaires et une école secondaire. — Vers l'extrémité du golfe, et à peu près vis-à-vis de Stein, est le grand village d'*Es-*

chenz, dans une plaine fertile en blé ; au-dessus du village, dans la gorge de Steinach, est établie une papeterie remarquable. Eschenz appartenait, dans le 10e siècle, au couvent d'Einsiedeln. On y a trouvé souvent des monnaies romaines, et l'on y voit encore les restes d'un pont construit par les Romains, qui la joignait à la petite île de Werd et à la rive droite du fleuve.

Diessenhofen. — Cette ville est construite en partie sur un plateau élevé de 60 pieds au-dessus du Rhin, et s'étend aussi jusqu'au bord du fleuve ; vue du côté du nord, elle offre un aspect pittoresque. Elle fut fondée, en 1178, par le comte Hartmann de Kybourg. Le 1er mai 1800, l'armée française, commandée par Moreau, Lecourbe et Vandamme, passa le Rhin à Diessenhofen, ce qui eut pour suite la prise de la forteresse de Hohentwiel, et la victoire de Hohenlinden, où s'illustra Moreau.

III

Si le touriste a longé le lac jusqu'à Arbon et Rorshach, il se trouve, par cette dernière localité, dans le canton de Saint-Gall. S'il est demeuré à

Frauenfeld, il lui est facile de se rendre à la capitale du canton limitrophe par la voie ferrée. De toutes manières, il quitte les humbles collines et les petites montagnes pour entrer, soit par Rorshach, soit par Weinfelden, Bischofzell et Gossau, dans le premier canton alpin, qui s'offre à lui depuis son départ de Bâle. Etudions donc, puisque tel est notre plan, le pays qui porte le nom d'un viril apôtre celtique, Gallus ou Gall ; ce sera, bientôt, le tour du canton d'Appenzell.

CANTON DE SAINT-GALL

Situation, Etendue, Climat. — Le canton de Saint-Gall est borné, au nord, par le lac de Constance et le canton de Thurgovie ; à l'ouest, par ceux de Zurich, de Schwytz et de Glaris ; au sud, par celui des Grisons ; à l'est, par le Rhin, qui le sépare de la principauté de Lichtenstein et de la province autrichienne du Vorarlberg. Il enclave complètement le territoire appenzellois. Sa population est de 210,000 habitants. Sa longueur est de 15 à 16 lieues, sur 11 à 12 de largeur. Le climat varie considérablement, suivant les localités. La partie septentrionale, riveraine du lac de Constance, ainsi que les districts voisins du Rhin et de la Linth, ont un climat tempéré, mais non partout salubre ; le Haut-Toggenbourg et une grande partie du district de Sargans ont un climat plus rigoureux. Il en est de même de la ville et de la vallée de Saint-Gall, qui sont élevées de 800 pieds au-dessus du lac de Constance.

MONTAGNES, VALLÉES, RIVIÈRES. — La principale chaîne de montagnes comprise sur le territoire saint-gallois commence au Hœrnli (3,098), à la frontière de Thurgovie et de Zurich ; elle suit la rive gauche de la Thour, et se termine au bord du Rhin près de Sargans ; cette chaîne s'abaisse au-dessus d'Utznach et forme le col peu élevé de Hümmelwald. Ses plus hautes sommités sont le *Speer* (6,020) ; les sept pics des *Kuhfirsten* (Pics des vaches (6,200 à 7,400), qui dominent le lac de Wallenstadt du côté du nord, le *Balfries* (7,150), à l'est de Wallenstadt ; l'*Alvier* (7,274). Une autre chaîne, partant des bords du lac de Wallenstadt, sépare le canton de Saint-Gall de ceux de Glaris et des Grisons. Ses principaux sommets sont le *Spitzmeilen* (7,710), le *Ringelkopf* ou *Ringelspitz* (9,730 à 10,002), le *Galanda* (8,650), sur la frontière des Grisons. La chaîne se termine par la sommité du Tabor, au-dessus de Pfæffers. A cette chaîne se rattachent quelques petites ramifications qui sillonnent le territoire de Sargans ; la plus haute est celle des *Grauhœrner* (Cimes grises), 8,760.

Les principales vallées du canton sont : celle du

Rhin ou *Rheinthal*, dont la rive gauche seule appartient à la Suisse, et l'autre à la principauté de Lichtenstein et à l'Autriche. Le fleuve y cause souvent de grandes inondations, qui rendent ses rives malsaines en quelques localités. — La vallée de la *Thour*, qui commence au sud du Santis près de Widhaus, et se prolonge jusqu'à Bischofzell. La contrée que traverse cette rivière porte le nom de *Toggenbourg*. La Thour reçoit plusieurs torrents, dont les plus considérables sont le *Necker*, qui a sa source à la frontière d'Appenzell, non loin de Sæntis ; la *Glatt*, qui vient de Hérisau, et la *Sittern*, qui sort des Alpes appenzelloises, et se joint à la Thour, près de Bischofzell. — La vallée de *Sargans*, arrosée par la *Saar*. Le lac de Wallenstadt, où se jette la Seez, occupe le prolongement de cette longue vallée, qui débouche à l'ouest dans celle de la Linth. La rive droite de la vallée de la *Linth*, entre le lac de Wallenstadt et celui de Zurich, appartient aussi au canton de Saint-Gall. — La vallée de la *Tamina*, dont la partie supérieure porte le nom de *Kalfeuserthal*.

Lacs et Cascades. — Le canton possède les rives du lac de Constance entre Arbon et l'embouchure du Rhin, ainsi que la partie des rives du lac de Zurich comprise entre Rapperschwyl et l'embouchure de la Linth. La rive septentrionale et plus de la moitié de la rive méridionale du lac de *Wallenstadt* ou *Wallensee* lui appartiennent aussi. Ce lac a quatre lieues de longueur, sur trois quarts de lieue de largeur; sa profondeur est de 4 à 500 pieds; on n'y trouve des rades sûres qu'à Wallenstadt, à Wesen et à Mühlihorn, sur la côte sud. Le plus dangereux des vents est celui du nord, qu'on appelle le *Bœttliser*, et qui descend par-dessus de hautes montagnes, et vient frapper violemment les rochers situés au sud du lac, lesquels le repoussent contre les eaux, où il élève d'énormes vagues. — On voit dans le canton plusieurs belles cascades; les plus remarquables sont celles du *Baierback* et du *Serenbach*, au nord du lac de Wallenstadt, et celle que la Saar, torrent qui descend des Grauhœrner, forme près de Vilters.

Histoire naturelle. — Les ours, qui étaient nombreux jadis dans les forêts du pays, ont presque complètement disparu, ainsi que les loups et autres animaux malfaisants. Les montagnes voisines du lac de Wallenstadt sont encore la retraite des vautours de la plus grande espèce et des aigles. Un pays qui touche d'un côté à la région des glaciers, et qui s'étend, de l'autre, jusqu'au bord du lac de Constance, doit présenter de grandes différences dans sa végétation. Les districts montagneux possèdent des pâturages étendus; ceux d'Utznach et de Sargans ont en outre de vastes forêts; ce sont les pins et sapins qui y dominent; on y trouve aussi des mélèzes et des hêtres. La vigne se cultive avec succès dans le Rheinthal et le district de Sargans; on voit de grandes plantations d'arbres fruitiers dans le Rheinthal et le district de Rorschach. Le maïs prospère sur les bords du Rhin et de la Linth ; le lin et le chanvre, dans le Toggenbourg..

Les hautes montagnes de la partie méridionale du pays sont composées de pierre calcaire et de schiste argileux. Dans la vallée de la Tamina, les couches calcaires et schisteuses alternent entre elles, et cette disposition se retrouve jusqu'aux Grauhœrner ; les schistes sont noirs et mélangés de nœuds de quartz et de spath calcaire. Sur le Galanda, la pierre calcaire est jaune. On trouve du sel gemme sur le Mont-Luna. On exploite d'excellentes carrières de grès dans le Rheinthal et près de Saint-Gall ; celles-ci renferment divers coquillages marins pétrifiés. Non loin des bains de Kobelwies se trouvent, sur la pente du Kamor, de fameuses cavernes, connues sous le nom de *Grottes de cristal*. La première salle ne communique avec la seconde que par un passage très-bas, d'une longueur d'environ vingt pas, où il faut ramper avec de la lumière. Cette grotte intérieure a 8 à 10 pieds de longueur et de largeur, sur 16 à 20 de hauteur. Ses parois sont revêtues d'une espèce de spath calcaire hexaèdre, que l'on nomme *cristal d'Islande*, et recouvertes en quelques endroits d'une couche d'argile jaunâtre. Partout où il n'est pas terni, ce cristal produit le plus bel effet à la clarté des flambeaux.

Antiquités. — On trouve peu d'antiquités romaines dans le canton ; cependant, il a dû être conquis par les Romains en même temps que la Rhétie. Une voie romaine a dû suivre les bords du lac de Constance d'Arbon à Bregenz. Des monnaies et d'autres antiquités, trouvés près de Rapperschwyl, attestent l'existence de quelque établissement romain dans ce lieu. L'église de Jonen, près de Rapperschwyl, renferme, enchâssés dans un de ses murs, un autel romain et une inscription. Un grand nombre de désignations de lieux (on en compte, dit-on, quelques centaines), n'appartiennent point à la langue germanique, mais à la langue romanche; tels sont *Montfort*, *Monte-Luna*, *Mont-Palun*, *Mont-Masix*, *Valens*, *Flums*, *Malans* (au nord de Sargans), *Medems*, *Valasca*, *Bertschis*, *Tamina*, *Sardona*, etc., etc.

Quand l'Helvétie fut envahie par les hordes germaniques, le lac de Wallenstadt servit de limite entre les deux races; les Germains appelèrent les Rhétiens *Walches* ou *Wælsches*, et le lac *Walchensee*.

Histoire. — L'origine de ce canton se rattache de très-près à l'histoire de l'abbaye de Saint-Gall. Cette abbaye fut fondée à la fin du 7e siècle, sous les auspices de Pépin de Héristal; on lui donna le nom du missionnaire irlandais Saint-Gall, qui avait bâti un ermitage sur les bords de la Steinach. Le premier abbé, nommé Othmeyer, établit dans le monastère une école, qui grandit bientôt en renommée. Les fils des rois et des empereurs venaient faire leurs études dans le monastère de Saint-Gall, où ils trouvaient parmi les religieux les savants de cette époque. C'est de cette abbaye que le goût et la connaissance des langues grecque et latine se répandirent en France et en Allemagne.

L'an 1204, l'abbé Ulrich, baron de Hohen-Sax, reçut de l'empereur Philippe le titre de prince d'empire, titre que ses successeurs ont toujours porté. De 1228 à 1236, l'abbé Conrad de Bussnang prit pour but de ses agressions les domaines du comte de Toggenbourg, qui, de son côté, incendia plusieurs villages appenzellois. Son successeur, Berthold de Falkenstein, recommença la lutte avec l'évêque de Constance, et le pays eut cruellement à souffrir des invasions de ce dernier. Ce fut déjà vers la fin du 13e siècle et pendant le 14e, que quelques villes et bourgs du voisinage songèrent à former une alliance défensive; mais ce ne fut qu'en 1400 que se constitua, d'une manière formidable, la ligue appenzelloise dont la ville de Saint-Gall elle-même fit partie. En 1402, quelques actes d'oppression firent éclater un soulèvement ; les baillis du prince-abbé furent expulsés, ses châteaux détruits, et lui-même fut forcé de se réfugier à Wyl.

Les collisions entre l'abbé et les Appenzellois ne cessèrent que lorsque l'indépendance de ceux-ci fut complètement assurée par leur admission comme canton dans la ligue helvétique. L'abbaye elle-même avait contracté une alliance avec trois ou quatre cantons. Au moment de la Réforme, une grande partie des sujets de l'abbé s'insurgèrent et expulsèrent les moines ; mais, en 1532, ils furent remis sous le joug, et les religieux rentrèrent dans l'abbaye. Des troubles eurent encore lieu à différentes époques, et au commencement du 18e siècle, le Toggenbourg fut le théâtre d'une insurrection générale. En 1798, l'abbaye fut dépouillée de tous ses droits de souveraineté, et en 1805 l'obstination de l'abbé Pancrace Vorster, qui est mort en 1829 dans l'abbaye de Muri, força le gouvernement à la supprimer.

Quant à la ville de Saint-Gall, elle s'était formée successivement autour de l'abbaye, et avait été entourée de murailles en 953. En 1454, la ville s'allia avec six cantons (Zurich, Berne, Lucerne, Unterwald, Zug, Glaris), et reçut le titre d'alliée des Suisses, et le droit d'envoyer aux Diètes un député. Dès 1567, une haute muraille sépara la ville de l'abbaye ; mais ce ne fut qu'à la fin du 17e siècle que son indépendance civile et politique fut assurée par un traité. En 1798, elle devint chef-lieu de canton du Sæntis, et, en 1803, celui du canton qui porte son nom.

Outre l'ancien territoire de l'évêché et celui de la ville, le canton de Saint-Gall comprend le comté de Toggenbourg, les bailliages de Rheinthal, de Sax, de Werdenberg et Gambs, de Gaster, de Sargans et d'Utznach, la ville et le territoire de Rapperschwyl.

La Constitution qui a régi Saint-Gall jusqu'en 1830 était libérale, si on la compare à celles qui furent en vigueur, sous la Restauration, dans plusieurs cantons aristocratiques.

Cultes. — Sur les 200,000 habitants du canton, l'on compte 110,000 catholiques. La plus grande partie des communes catholiques dépendirent autrefois de l'évêché de Constance, et ensuite du vicaire-général de Münster; le district de Sargans seul dépendait de l'évêché de Coire. Mais, depuis 1846, Saint-Gall est devenu le siége d'un évêché spécial.

INSTRUCTION PUBLIQUE. — Le gouvernement a donné une attention spéciale au perfectionnement des écoles primaires. Les petites villes du canton possèdent aussi des écoles secondaires ou colléges, où l'on enseigne le latin, le français, la géographie, l'histoire, etc. Il existe à Saint-Gall un gymnase et une école centrale catholique; un gymnase protestant, qui est une fondation particulière; une école industrielle, etc. On trouve aussi à Saint-Gall deux bibliothèques importantes : la bibliothèque qui possède un millier de manuscrits, dont 400 étaient déjà mentionnés dans un catalogue de l'an 823; on y remarque un manuscrit des *Nibelungen*, un Virgile du 4e siècle écrits avec de beaux et grands caractères romains; les *Lois romaines*, etc.

INDUSTRIE, COMMERCE, AGRICULTURE, etc. — Saint-Gall est le centre de la fabrication et du commerce des mousselines de Suisse; les broderies précieuses se font à Saint-Gall même; le prix d'une pièce de mousseline richement brodée en or et en argent s'élève jusqu'à 60 louis, soit plus de 1,400 francs. On fait aussi des tissus destinés à recevoir des broderies, dans les pays voisins, surtout dans le canton d'Appenzell et dans les montagnes de la Souabe et du Voralberg.

L'agriculture occupe un grand nombre de bras dans le canton ; elle y a fait d'assez grands progrès. Beaucoup de gens se vouent à la fois aux travaux agricoles et aux occupations industrielles. On trouve des vignobles dans plusieurs districts, où cette culture a eté importée dès le 10e siècle ; ils produisent des vins de très bonne qualité, mais qui ne se gardent pas. Le vin rouge qui croît sur le Buchberg, près de Rheineck, passe pour un des meilleurs de la Suisse allemande. On cultive une grande quantité d'arbres fruitiers, surtout dans le district de Rorschach et le Rheinthal ; une bonne partie des fruits est employée à faire du cidre.

Hommes distingués. — Nous avons déjà mentionné combien l'abbaye de Saint-Gall s'illustra par son école dans les premiers siècles de son existence. Au nombre des religieux qui se firent un nom par leur savoir, on cite en particulier *Eckard*, qui fut le maître d'Hedwige, et du fils de l'empereur Othon Ier; *Kéron*, qui fut un des premiers à cultiver la langue allemande ; *Notker*, dont on a conservé des prières et des hymnes qui se chantaient encore au 10e siècle dans les églises d'Allemagne; *Salomon*, natif de Bischofzell, qui fut abbé de Saint-Gall de 891 à 919, et qui fut aussi évêque de Constance. Il composa un dictionnaire encyclopédique qui embrassait toutes les sciences connues à cette époque. Quelques siècles plus tard, Saint-Gall donna le jour à *Joachim Watt* ou *Vadianus*, homme d'un génie universel, qui coopéra à l'établissement de la Réforme ; il fut bourgmestre de Saint-Gall, et mourut en 1551 ; à *Melanchthon* (ou *Schwarzerd*), qui fut, avec les précédents, un des réformateurs de Saint-Gall. Widhaus, village du Haut-Toggenbourg, fut le berceau du principal réformateur de la Suisse allemande, *Ulrich Zwingli*. Né en 1484, dans une modeste chaumière, Zwingli fut curé de Glaris de 1506 à 1515, puis d'Einsiedlen, de 1515 à 1519. Ce fut en 1516 qu'il commença à jeter les fondements de la Réforme. Il vécut longtemps à Zurich, où se tint une célèbre conférence, à laquelle assistèrent les délégués du catholicisme et les représentants de la Réforme, dont Zwingli était le chef. Il perdit la vie en 1531, à la bataille de Cappel, où il se trouvait en qualité de chapelain de l'armée zuricoise. *J.-George Zollikofer*, un des plus célèbres prédicateurs de la Suisse et de l'Allemagne, était né à Saint-Gall.

Plusieurs seigneurs du pays cultivèrent la poésie au milieu du moyen-âge ; au nombre de ces troubadours, se distinguèrent particulièrement *Henri de Hohensax*, et *Rodolphe de Montfort*, qui naquit dans le pays de Werdenberg. Ce dernier passe pour l'un des meilleurs poètes du 13e siècle ; il est aussi l'auteur d'une chronique universelle. Le Rheinthal a donné naissance au médecin *Jacques Ruef*, qui composa le premier, au 16e siècle, des ouvrages dramatiques en langue allemande ; il fit représenter la plupart de ses pièces de théâtre sur la grande place de Zurich ; elles ont été recueillies et publiées en 1552.

VILLE DE SAINT-GALL. — Ce chef-lieu de canton compte 12,500 habitants. Il est à plus de 800 pieds au-dessus du lac de Constance, ou 2,080 au-dessus de la mer. Il est situé dans un vallon assez étroit, dont il occupe toute la largeur, et qu'enferment de verdoyantes collines. Sans être précisément régulière, la ville a de larges rues ; les maisons sont d'une propreté remarquable ; elle a un grand nombre de fontaines publiques jaillissantes. Ses édifices les plus remarquables sont les suivants : L'Hôtel-de-Ville, situé sur la place du marché ; l'ancien cloître *Pfalz*, vaste bâtiment, dont la partie la plus moderne sert maintenant de résidence au Gouvernement, tandis que les parties anciennes contiennent l'école cantonale catholique, l'ancienne bibliothèque abbatiale et les archives ; — la Cathédrale ou église ci-devant abbatiale, reconstruite en entier, en 1755, dans le style italien ; elle possède de belles fresques et un orgue très-harmonieux. L'église de Saint-Laurent, restaurée d'après les plans de l'habile architecte J.-G. Müller, mort à Vienne en 1848 ; le nouvel Arsenal cantonal, près de l'église abbatiale ; la nouvelle Maison pénitentiaire, placée hors des murs, ainsi que la Maison des orphelins, un des plus beaux bâtiments de la ville ; l'Hôpital, le Casino, etc. Nous avons déjà fait mention des établissements d'instruction et des principales bibliothèques qui existent à Saint-Gall; on y trouve encore une collection d'antiquités saint-galloises, qui appartient à la société des marchands, et des cabinets particuliers d'histoire naturelle, de tableaux et de gravures.

Les hauteurs des environs présentent de tous côtés de magnifiques points de vue; nous nommerons particulièrement la montagne du *Freudenberg*, qui domine la ville du côté de l'est, et où se trouve le couvent de Notkersegg; on y découvre le lac de Constance, la Thurgovie, les montagnes de Saint-Gall et d'Appenzell, etc.; — la sommité de *Vœgeliseck*, à une grande lieue de la ville, sur le territoire appenzellois; elle présente à peu près la même vue; — le mont *Tannenberg* (Mont des Sapins), à 2 lieues de la ville, à gauche de la route de Bischofzell; le château de *Dottenwyl*, près de la route de Constance. Près de la ville on trouve la jolie promenade de Brühl, et des moulins construits, au milieu d'une gorge où la Steinach forme plusieurs cascades. Sur la route de Saint-Gall à Hérisau, l'on passe la Sittern sur un très-beau pont en pierre, élevé de 80 pieds et long de plus de 500; il a été terminé en 1810; on le nomme la Kræzernbrücke.

Rorschach est un bourg de 1,500 habitants, bâti au bord du lac de Constance, au pied d'une colline fertile. Sa position, au débouché de plusieurs routes d'Allemagne et de celles du Splügen et du Bernardin dans les Grisons, est éminemment avantageuse pour le commerce. Il s'y tient tous les jeudis un marché considérable. Le port est grand et fréquenté. Sur les hauteurs voisines, au cloître Mariaberg, converti en maison d'éducation, au château de Sainte-Anne ou de Rorschach, etc., on jouit d'une vue très-belle sur le lac et sur ses rives; il en est de même de la route qui monte dans la direction de Saint-Gall; si l'on gravit au sommet des collines, et surtout sur le *Rossbühel* (à une lieue de Rorschach), on embrasse un panorama bien plus étendu encore : on découvre toutes les villes riveraines, ainsi que les îles de Meinau et de Reichenau, les montagnes d'Appenzell, du Voralberg, etc.

RHEINECK. — Si de Rorschach l'on se dirige du côté de l'est, on passe près des châteaux de Warteck et de Wartensee, puis sous la colline de Buchberg; tous ces points commandent des vues admirables. Plus loin, l'on arrive à Reineck, petite ville industrielle et commerçante, qui compte 1,400 habitants, en majorité réformés; elle est située à environ une lieue de l'embouchure du Rhin, et dans une position très-agréable. La pente des collines s'élève en amphithéâtre jusqu'aux Alpes d'Appenzell; elle est parsemée de villas, de fermes et de châteaux, et couverte de prairies, de vergers, et surtout de vignobles, qui produisent un vin estimé.

ALTSTÆTTEN. — La route de Rheineck à Alstætten suit le pied des montagnes qui font la limite du territoire d'Appenzell. Altstætten est dans une contrée fertile, au milieu de vignobles et d'arbres fruitiers; la culture de ceux-ci est poussée à un haut degré de perfection, et donnent d'excellents produits. Plusieurs chemins montent d'Alstætten vers le territoire d'Appenzell, et, des hauteurs qu'ils franchissent, les regards découvrent au loin toute la contrée. Près d'Alstætten, la vallée du Rhin est très-large; un peu plus au sud, elle se rétrécit et aboutit au défilé du *Hirschensprung* (Saut du Cerf), formé par deux chaînes de rochers. Toute cette contrée est la partie la plus sauvage du Rheinthal. En descendant d'Alstætten vers le sud, on arrive au Werdenberg, où l'on rencontre le château de Forsteck, situé au milieu d'une forêt, puis les ruines de ceux de Frischenberg et de Hohen-Sax, qui furent détruits par les Appenzellois en 1405; plus loin est Werdenberg, jolie petite ville, entourée de vergers et de champs. La ville est dominée par le vaste château des comtes de Werdenberg, qui offre une vue étendue. En continuant à cheminer vers le sud, on passe près des bains de Rams et des ruines pittoresques des châteaux de Herrenberg et de Wartau. En suivant la vallée du Rhin, on a constamment la vue des belles montagnes du Vorarlberg, situées sur l'autre rive. Au fond du paysage apparaît la pyramide du Falkniss (7824), dont le sommet conserve toujours une couronne de neige.

Sargans est située à l'extrémité d'une large vallée, qui s'étend jusqu'au lac de Wallenstadt. Elle est dominée par le château qu'habitèrent jadis les baillis suisses pendant plus de trois siècles ; on y découvre une vue admirable sur toute la vallée jusqu'au lac, sur les vallées latérales de Weisstannen et de Pfæffers, et sur toutes les montagnes voisines. Les habitants de la vallée de Sargans se vouent principalement à l'économie alpestre et à l'agriculture. Une légère élévation de vingt pieds à peine empêche le Rhin de se diriger, par la vallée de Sargans, vers les lacs de Wallenstadt et de Zurich, direction qu'il paraît avoir suivie autrefois. Vu l'exhaussement progressif de son lit, on craint qu'il ne se fraie de nouveau un passage dans cette direction. En se rendant à Ragatz, on voit sur la rive droite du Rhin la chaîne du Rhætikon, aux formes hardies et grandioses. La sommité la plus rapprochée du fleuve est le Flæscherberg, au-delà duquel on aperçoit le hameau de Guschen, suspendu sur les flancs escarpés de la Guschenalp. A droite de la route, on remarque une belle cascade, qui forme le torrent de la Saar, qui descend des Grauhœrner.

Bains de Ragatz et de Pfæffers, Gorge de la Tamina. — Il existe à Ragatz, depuis 1840, un nouvel établissement de bains, où un aqueduc, long de 12,500 pieds, amène les eaux de la source de Pfæffers. Les bains de la Tamina ne sont pourtant pas abandonnés. Trois routes y mènent. La route neuve est la seule praticable pour les chars. Un autre chemin gravit une pente un peu raide sur la rive gauche de la Tamina et au milieu d'une belle forêt ; elle traverse ensuite de beaux pâturages jusque près du village de Valens, puis redescend dans la gorge par un sentier rapide. Le troisième chemin monte également par une pente escarpée vers le village et le couvent de Pfæffers, situés sur la rive droite et sur un plateau élevé, d'où l'on découvre une vue magnifique. Dans le voisinage, on voit une cascade de 180 pieds. Au sortir du village, le chemin traverse de magnifiques prairies, et côtoie la gorge de la Tamina, sans qu'on puisse l'apercevoir. Une pente douce conduit plus loin sur le bord même de cette gorge, où un long escalier, en partie taillé dans le roc, aboutit à un pont naturel de rocher sur la Tamina; de là, l'on se rend aux bains en quelques minutes.

La source fut découverte, à ce qu'on prétend, en 1038, par un chasseur de l'abbé de Pfæffers. Dès l'origine, elle acquit de la célébrité, mais il fallait beaucoup de courage pour aller user de ses eaux; on descendait le malade au fond du précipice à l'aide d'échelles et de cordes; on exposait sa vie pour la prolonger, dit un auteur du 16e siècle. Ce n'est qu'au milieu du 17e siècle qu'on fonda un véritable établissement sur l'emplacement des bains actuels, à quelques minutes de la source, sur un banc étroit de rocher, élevé de quelques pieds seulement au-dessus du torrent, et que dominent des parois verticales de roc nu. Au commencement du siècle dernier, on fit sauter des rochers pour agrandir les bâtiments, qui peuvent recevoir plus de 300 baigneurs. Dans les plus longs jours, le soleil n'y est visible qu'après 9 heures, et disparaît à 4 heures; en août, on ne le voit que de 11 à 3 heures; aussi, un séjour prolongé à ces bains ne convient-il pas aux malades qui ont besoin d'un air pur et de soleil. Cette gorge infernale n'a que 30 à 40 pieds de largeur. Les parois latérales de l'abîme au fond duquel bouillonne le torrent, sont contournées, déchirées, et présentent de profondes excavations; elles s'inclinent l'une contre l'autre, et finissent par se rejoindre. On nomme *Beschluss*, ou clôture, le pont naturel sous lequel on est obligé de passer ; il est à 290 pieds au-dessus du torrent. Au-delà, les roches s'écartent de nouveau, et laissent apercevoir le ciel. Une vapeur s'élève constamment au-dessus des sources, dont l'eau est recueillie dans une caverne longue de 24 pieds. Elle ne coule qu'en été, et fournit environ 1,400 pintes par minute; elle a 29 à 30 degrés de chaleur. L'eau est sans odeur, sans goût, ni couleur, très-pure et légère; on en prend en boisson et à l'extérieur; on en exporte une bonne quantité hors du pays.

ENVIRON DES BAINS, VALLÉE DE LA TAMINA. — Les baigneurs qui font un séjour aux bains de Ragatz ou de Pfæffers peuvent faire un grand nombre d'excursions intéressantes dans un rayon de quelques lieues. Sur la pente de la rive droite, on trouve la station dite *la Solitude*, d'où l'on monte sur la colline qui porte le nom de *Belvédère du Galanda*, parce qu'on y découvre le sommet de cette haute montagne. Sur la pente qui conduit à Valens, on a établi, sous un bel ombrage, la station agréable de *Mon Repos*, d'où part un sentier horizontal qui conduit sous des érables magnifiques et au pont naturel de la Tamina. Près de Valens, on trouve aussi des promenades romantiques et solitaire, au milieu des prairies et des bouquets de mélèzes. L'ensemble de la vallée de la Tamina est d'un aspect très-pittoresque et grandiose. A gauche, s'élève le mont Galanda, aux immenses et raides escarpements ; à droite, les Grauhœrner, aux sommités hérissées de glaciers. En remontant le cours de la Tamina depuis Valens, on arrive bientôt près d'une belle cascade que fait ce torrent au fond de la gorge. Plus loin sont les villages de Vason et de Vættis, au pied du Monte-Luna, sur les pentes duquel on aperçoit quelques groupes de châlets. Près de Vættis, la vallée de la Tamina cesse de se diriger au sud ; sa partie ultérieure tourne droit à l'ouest, et porte le nom de Kalfeuserthal. Ce vallon, étroit et sauvage, est couvert de pâturages alpins, et aboutit au grand glacier de Sardona, où la Tamina prend sa source. Si l'on en juge d'après les ossements humains que l'on a trouvés dans cette vallée, il paraît qu'elle a été habitée jadis par une peuplade de géants. Au-dessus du village de Pfæffers s'élève la sommité du Tabor (3150), très-facile à atteindre, et d'où le coup d'œil est admirable. On y découvre en particulier très-bien l'entrée de la vallée du Prættigau, ainsi que plusieurs de ses belles cîmes. Cette vallée grisonne mérite aussi d'être prise pour but de promenade, ainsi que le défilé de Luziensteig, et le mont Flæschberg ; on peut en dire autant de la vallée de Weisstannen, qui s'ouvre près de Sargans, où l'on voit plusieurs belles chutes d'eau, et d'où des sentiers difficiles conduisent dans le canton de Glaris.

VILLE ET LAC DE WALLENSTADT. — La petite ville de Wallenstadt est située à quelques minutes du lac du même nom, et au milieu d'une contrée marécageuse, mais qui l'est cependant moins depuis la construction du canal de la Linth, à l'autre extrémité du lac. Au sud de la ville, sur le haut d'un rocher, sont situées les ruines du château de Grepplang ou *Grapa Langa*, ou *Langenstein*, manoir dont l'origine remonte au temps des Rhétiens, et qui fut possédé longtemps par la famille Tschudi de Glaris; le célèbre historien de ce nom y a résidé. Le lac de Wallenstadt est un des plus remarquables de la Suisse. La rive septentrionale est bordée de montagnes qui s'élèvent à pic jusqu'à une grande hauteur. Cette chaîne est surmontée de sept pointes nues, qu'on appelle les sept Kuhfirsten. La hauteur de ces cimes est d'environ 7,000 pieds. Plusieurs cascades se précipitent du haut des rochers, entre autres le *Serrenbach*, qui tombe, en formant plusieurs chutes, de la hauteur de 1,600 pieds; le Bayerbach, qui en fait une de 950 pieds, etc. Elles sont très-belles lors de la fonte des neiges, et animent singulièrement le paysage. Un chemin pittoresque conduit de Wallenstadt à Mollis, au canton de Glaris; il traverse plusieurs villages, Muls, Terzen, Quarten, etc., entourés de prairies et d'une belle végétation, et arrosés par quelques ruisseaux et cascades. A Mühlihorn, on entre sur le territoire de Glaris.

Wesen est un bourg situé à l'extrémité occidentale du lac de Wallenstadt. Il souffrait autrefois beaucoup du voisinage des marais causés par la Linth, et était même quelquefois envahi par des inondations. Depuis qu'on a conduit cette rivière dans le lac par un canal, et rectifié ou canalisé son cours jusqu'au lac de Zurich, la contrée s'est sensiblement assainie. C'est sur le territoire saint-gallois qu'est placé le monument qui rappelle les services éminents rendus dans cette entreprise par M. *Escher*, de Zurich.

A l'est de Wesen, on voit une jolie cascade; de l'autre côté est situé le mont *Biberlikopf* (Tête du petit Castor), saillie de rocher d'où la vue s'étend d'un côté sur tout le lac de Wallenstadt, de l'autre, sur le pays de Gaster et sur le lac de Zurich. On jouit aussi d'un magnifique point de vue du village d'Ammon, élevé de 1,300 pieds au-dessus du lac, et situé à une lieue et demie de Wesen. D'Ammon, on monte sur de beaux paturages, jusqu'au sommet d'un col d'où l'on peut descendre dans le Haut-Toggenbourg, à Stein ou à Starkenbach. A l'ouest de ce col s'élève la sommité du Speer (6,020), d'où les regards embrassent un des panoramas les plus étendus et les plus beaux de la Suisse.

Utznach. — Cette petite ville est le chef-lieu de district de Gaster. Elle est située sur une éminence, au milieu d'une plaine fertile. L'église, que l'on voit avant d'entrer en venant de Wesen, commande toute la vallée. Près d'Utznach est une filature de coton. C'est aussi dans les environs qu'on exploite une mine de charbon de terre, épaisse de 3 à 4 pieds, et qui renferme des troncs pétrifiés.

RAPPERSCHWYL. — Cette ville est située au bord du lac de Zurich, et dans une belle position. Ses tours et ses clochers font dans le paysage un effet assez pittoresque. Elle est dominée par une terrasse ombragée de tilleuls près de laquelle s'élèvent l'église paroissiale, l'ancien manoir des comtes de Rapperschwyl, et le bâtiment du Tir. Rapperschwyl est joint avec le canton de Schwytz par un pont de bois long de 1,800 pas et large de 12 pieds, et sans garde-fous. Cependant, les chars peuvent le traverser. En avril 1855, une troupe d'artilleurs y passa avec ses pièces sans accident. Il repose sur 180 piles en bois de chêne. Ce pont fut fondé vers l'an 1350 par Léopold d'Autriche, et fut reconstruit en 1819 et 1820.

TOGGENBOURG, WILDHAUS, LICHTENSTEG. — De Rapperschwyl et d'Utznach, deux routes conduisent dans le Toggenbourg ; elles passent près du beau couvent de femmes nommé *Sion*, qui occupe un site remarquable, et se réunissent sur le large col de Hümmelwald (2,530 pieds), dont la vue est très-riante sur le lac de Zurich, sur les Alpes de Schwytz et de Glaris, etc. Le plus haut village du Toggenbourg est celui de *Wildhaus* (Maison sauvage, soit habitation dans un pays sauvage ou désert), élevé de 3,430 pieds, et dominé d'un côté par les rudes escarpements du Sæntis et de l'Altmann, de l'autre, par les belles croupes verdoyantes qui s'étendent jusqu'au sommet des Kuhfirsten. C'est près de Wildhaus (à quelques minutes du côté de l'ouest), qu'on voit encore l'humble habitation où naquit Zwingli, le 1er janvier 1484. A l'est du village, et près d'un petit lac, sont les ruines du château de Widberg, et, plus haut, le Sommerikopf, d'où l'on découvre une très-belle vue. De Wildhaus, deux routes descendent à Gambs et à Werdenberg, dans la vallée du Rhin, qui est d'environ 2,000 pieds inférieure au Haut-Toggenbourg. La vallée de la Thour présente une particularité, c'est qu'en remontant la rivière, on arrive, par une pente presque insensible, jusqu'au sommet d'un col de l'autre côté duquel on trouve tout à coup un raide escarpement; aussi, descend-on une heure tout ce qu'on avait monté sur un espace de 20 lieues.

En descendant le cours de la Thour, on passe près des ruines du château de Starkenbach, puis à Nesslau, où s'ouvre à droite la jolie vallée d'Ennetbühl, qui conduit aux bains du Riedbad et dans le canton d'Appenzell; plus loin, l'on rencontre l'ancien couvent de Nouveau-St-Jean, maintenant converti en filature. Près de Krummenau, la Thour passe sous un rocher qui forme un pont naturel, nommé *Sprung* (Saut). Deux lieues plus au nord, est le grand et beau village de Wattwyl, qui ne compte pas moins de 6,000 habitants. Sur une éminence à gauche, on voit le château d'Yberg, célèbre par plusieurs siéges, et le couvent de Sainte-Marie-des-Anges. On observe tout le long de la vallée les marques d'une grande aisance; les villages ont l'aspect le plus florissant. Les habitants sont, en général, bien faits et intelligents; ils allient aux travaux agricoles la fabrication des mousselines et des cotonades. De Lichtensteg se détache une route qui conduit à Saint-Gall par Hérisau ; elle passe près des ruines du château de Nouveau-Toggenbourg, si connu dans l'histoire par l'aventure tragique de la comtesse Ida, que son mari, sur un faux soupçon, fit précipiter du haut des tours dans les fossés. Quelques lieues plus bas, sur la rive gauche de la Thour, se trouve la petite ville de Weil ou Wyl (1,400 habitants). Elle est dans une contrée de vignobles, et à la frontière du canton de Thurgovie.

IV

Bien qu'on puisse entrer dans le canton d'Appenzell par un point quelconque du canton Saint-Gallois qui l'environne de tous côtés, il semble préférable, si l'on a concentré sur Saint-Gall et sur Watwyll les excursions qui n'ont pas eu pour objet le Rheinthal, de gagner Hérisau et puis Appenzell, à partir de Wattwyl ou de Saint-Gall. Ces deux points possèdent, en effet, les meilleures voies de communication, sans en excepter Altstætten et Rheineck, qui se trouvent dans le voisinage du Rhin, non loin des frontières d'Appenzell.

Ce canton, dans lequel nous allons entrer, offre, sous le rapport politique, des particularités qu'il faut signaler comme on l'a fait pour Schaffhouse, Thurgovie et Saint-Gall.

CANTON D'APPENZELL

SITUATION, ETENDUE, CLIMAT. — Le canton d'Appenzell est complètement entouré par le territoire saint-gallois ; il a environ 8 lieues dans sa plus grande longueur, sur une largeur de 2 à 5 lieues. Le canton est partagé en deux demi-états, qu'on nomme Rhodes-extérieures et Rhodes-intérieures, à cause d'une montagne de ce nom, située aux limites des deux circonscriptions. Les Rhodes intérieures comprennent la partie la plus montagneuse du canton, et une population de 13,000 habitants. Les Rhodes extérieures comprennent la partie occidentale et septentrionale, avec une population de 53,000 habitants. — Quant au climat, il est très-variable, mais en général froid, ce qui est dû d'abord à l'élévation du pays, qui occupe un petit plateau presque isolé des régions d'alentour. La rigueur du climat résulte aussi de ce que le pays est borné, au sud, par de hautes montagnes, et présente une inclinaison générale vers le nord, ce qui rend l'accès plus facile aux vents froids. Du reste, il est clair qu'il doit y avoir de grandes différences de climat dans un pays qui, sur une étendue de huit lieues, touche d'un côté à la limite des neiges éternelles et de l'autre à la région des vignes. Malgré les brusques changements de température, le pays est très-salubre, et un grand nombre de malades viennent y chercher la santé dans la belle saison.

MONTS, VALLÉES, RIVIÈRES, LACS. — La partie méridionale du canton est couverte de hautes montagnes, formant plusieurs petites chaînes parallèles, qui sont jointes par des cols sur la frontière du Toggenbourg, et qui portent le nom collectif d'*Alpstein*. Une chaîne part du *Sœntis*, 7,790, se prolonge par une suite de sommets escarpés, tels que l'*Oehrli* (Petite oreille), 6,649, les *Thürme* (les Tours), 6,500-6,800. Une autre, partant de l'*Altmann*, 7,496, se termine par le sommet du *Siegel*, 5,326, au-dessus de Brüllisau; une troisième commence près de la *Krai-Alp*, au sud de l'Altmann;

ses sommités sont le *Hohe-Kasten*, 5,420, le *Kamor*, 5,390, les *Fæhnern*, 4,642. Les vallées du canton ne sont pas très-étendues; les plus considérables sont l'*Alpenthal* méridional, ou vallée de Fahlen, qui descend de la Krai-Alp et court entre la chaîne du Kamor et celle de l'Altmann ; on y trouve les petits lacs de *Fæhlen* et de *Sæntis*. L'*Alpenthal* du milieu, entre la chaîne de l'Altmann et celle du Sæntis, arrosé par le Schwendibach, qui forme le joli lac de *Seealp* (*Seealp-See*, Lac de l'Alpe du lac); entre le Sæntis et le Kronberg s'étend une troisième vallée, où le Weisswasser (l'Eau blanche) jaillit d'une grotte de la Pendli-Alp, et se perd bientôt sous les rochers, pour reparaître un peu plus bas. Ce ruisseau, réuni près de Weissbad avec les deux ci-dessus mentionnés, forme la *Sitter*. Cette rivière forme, plus loin, la limite entre les Rhodes-Intérieures et Extérieures. Elle recoit sur la rive droite, près de Taufen, la *Rœthi* ou le *Rothbach*, qui vient de la vallée de Gaïs; sur la rive droite, l'*Urnæsch*, dont les nombreuses sources jaillissent sur l'Alpe de Schwæg, au pied du Sæntis; ce torrent arrose dans toute sa longueur le district de Hérisau, et la partie inférieure de son cours est profondément encaissée.

Histoire naturelle. — L'accroissement considérable de la population et le défrichement des forêts ont fait dès longtemps disparaître tous les animaux malfaisants. En 1673 a été tué, à Urnæsch, le dernier ours, et le dernier loup à Steineggerwald, en 1695. On a tué encore des sangliers en 1658. Les cerfs ont disparu depuis l'an 1600; mais on chasse encore des chamois, des renards, etc. Les chamois n'habitent que les hautes sommités près du Sæntis ; la chasse est libre, mais n'est permise que depuis le milieu d'octobre au 1er février. Les animaux domestiques sont une des principales richesses des habitants. La race des bêtes à cornes est plus grande que celle des cantons d'Uri, Unterwald et Glaris; elle est d'un brun noirâtre, a la tête grosse, les jambes et les cornes courtes.

Le sol du canton est couvert presque en entier de pâturages, de prairies et de forêts. Les arbres les plus abondants sont les sapins et les pins. Le sol produit un grand nombre de plantes alpines et autres.

Les hautes Alpes, qui s'élèvent dans la partie méridionale du canton, sont de formation calcaire ; la roche y est grisâtre et mêlée de silex et de rayons de mine de fer ; elles sont percées de plusieurs profondes cavernes, telles que celles du Wildkirchli, dans quelques-unes desquelles on trouve de belles stalactites. Sur le haut du Sæntis on observe beaucoup de pétrifications, telles que des cornes d'ammon, des sélénites, des trochites, des ostracites, etc. Plus au nord se retrouve, comme dans d'autres cantons, la formation de brèche, composée de débris de granit, de gneiss, de porphyre, de siénite, etc., mélangés d'argile ferrugineuse et soudés par un ciment solide. Ces brèches sont disposées en couches régulières ; les plus anciennes renferment des blocs considérables et forment plusieurs des sommités à l'ouest du Sæntis, telles que la Hohen-Alp. Enfin, la partie la plus septentrionale du canton appartient à la formation des grès ; on voit souvent les couches de brèche et de grès alterner entre elles.

Antiquités. — On ne connaît dans le canton aucune antiquité romaine. On croit, d'après son mode de construction, que la tour du clocher de Hérisau, du moins les 60 pieds inférieurs, ont été élevés dans le 6e siècle par les Allemani ; elle est carrée, formée de pierres de moyenne grosseur, placées en assises inégales, et réunies par un ciment très-solide. Les châteaux de Rosenbourg et Rosenberg (*Château* et *Montagne des roses*), près de Hérisau, étaient construits de la même manière ; on les attribue à la même époque ; on y voit encore des ruines assez étendues de murs et de tours de 20 à 30 pieds de hauteur. On a découvert à Speicher, lors de la construction de l'église, cinq petits caveaux taillés dans le roc et longs de six à sept pieds, sur un et demi de largeur, que l'on regarde comme des tombes païennes, et quelques briques de fourneaux peintes en vert et en jaune, et ornées d'images d'idoles.

Histoire. — Lorsque les Helvétiens, 53 ans avant Jésus-Christ, partirent pour envahir la Gaule, les Rhétiens vinrent s'emparer d'une partie de la contrée qu'ils laissaient déserte, en particulier des territoires actuels d'Appenzell et de Saint-Gall; mais, 13 ans après Jésus-Christ, ces derniers furent domptés par les Romains et leur pays réduit en province. Les Allemani arrachèrent ensuite aux Romains cette contrée, en 406, et y firent des établissements; 90 ans plus tard, ils furent eux-mêmes dépossédés par les Francs. La Rhétie se mit alors sous la protection des Ostrogoths. Dans le siècle suivant, ces contrées furent gouvernées par un duc; plus tard, elles furent incorporées dans l'empire germanique. Dans le 11e siècle, le peuple d'Appenzell eut à pâtir des hostilités fréquentes qui éclatèrent entre les abbés de Saint-Gall et les seigneurs et prélats du voisinage; il prêta son assistance à l'abbé Ulrich d'Eppenstein, auquel il était attaché à cause de sa popularité. Le 12e siècle passa plus paisiblement et sans événements marquants, et, à la faveur de la paix, l'agriculture, l'élève du bétail, la fabrication des toiles de lin et du drap, se développèrent dans le pays; mais en même temps les abbés ne cessèrent d'étendre leur juridiction, de lever des dîmes onéreuses, et beaucoup de paysans appauvris tombèrent en état de servage.

En 1208, sous le premier prince-abbé, Ulrich de Sax, les horreurs de la guerre recommencèrent. Sous ses deux successeurs, les hostilités continuèrent, au grand détriment du pays, qui, en 1247, fut ravagé jusqu'au bourg d'Appenzell par les troupes de l'évêque. Après la mort de l'abbé Berthold de Falkenstein, les montagnards soutinrent les prétentions d'Ulrich de Güttingen, qui, pour récompenser leur fidélité, leur accorda le droit d'élire leur propre *ammann*, ou bailli.

La fondation de la ligue helvétique et les victoires des Confédérés causèrent une vive impression dans le pays d'Appenzell. En 1367, le bourg d'Appenzell fit une première ligue avec Hundwyl et peut-être aussi avec d'autres districts. En 1378, Appenzell, Urnæsch, Hundwyll et Teufen réussirent à entrer dans l'alliance des villes impériales. En 1389, cette alliance fut dissoute, et l'abbé Kuno de Staufen chercha à remettre complètement le pays sous sa dépendance. Les habitants s'opposèrent vigoureusement à ses prétentions. En 1402, les châteaux de Clanx et de Rachenstein (Pierre de la vengeance) furent détruits et les baillis expulsés; l'abbé lui-même, plein d'effroi, se réfugia à Wyl et invoqua l'assistance des troupes autrichiennes. Les villes impériales intervinrent; la ville et le territoire de Saint-Gall durent se retirer de l'alliance; mais les districts appenzellois tinrent ferme; Appenzell devint le centre de la ligue. C'est alors que commence l'époque héroïque des Appenzellois. Avec l'aide de quelques volontaires de Schwytz et de Glaris, ces montagnards tinrent tête à la noblesse, au clergé et aux villes impériales, et même au duc d'Autriche.

Les Appenzellois envahirent le Rheinthal et remirent leur capitaine Rodolphe de Werdenberg en possession de son comté. Les troupes de la ligue étaient occupées, en 1408, au siége de Brégenz, quand elles furent défaites par 8,000 chevaliers; toutes les conquêtes d'outre-Rhin furent alors perdues. En 1410, le duc d'Autriche enleva le Rheinthal aux Appenzellois, et ceux-ci durent se borner à défendre l'indépendance de leurs frontières. En 1444, les Appenzellois aidèrent les Suisses dans leur guerre contre Zurich, qui s'était alliée avec l'Autriche. En considération de leurs services, la Confédération renouvela, sous des conditions plus équitables, l'alliance conclue avec eux. Appenzell prit part à diverses guerres des Suisses, entre autres à celles contre Charles-le-Téméraire, et à plusieurs expéditions en Italie. Enfin, en 1513, ils furent admis, comme 13e canton, dans la Confédération. Deux ans après, leur contingent perdit 226 hommes, à la désastreuse bataille de Marignan.

Les principes de la Réforme devaient trouver un facile accès chez une peuplade à l'esprit aussi indépendant. En 1522, Walther Klarrer fut le premier réformateur du pays, et son exemple fut suivi par d'autres curés. En 1524, la Landsgemeinde décida que les prêtres ne devaient enseigner que ce qui est conforme à la vérité et à la Sainte-Ecriture. Alors les Rhodes-Extérieures se prononçèrent pour le culte réformé, et les Rhodes-Intérieures pour le maintien du culte catholique. Le parti catholique ayant conclu secrètement une alliance avec l'Espagne, il en résulta, en 1597, un partage du pays en deux demi-états, qui eurent leurs conseils, leurs lois et leurs arsenaux distincts. Trogen devint le chef-lieu des Rhodes-Extérieures, et Appenzell resta celui des Rhodes-Intérieures.

En 1611, la peste, appelée la *mort noire*, fit de grands ravages dans le canton. Durant la guerre de Trente Ans, les Appenzellois eurent souvent à veiller sur leurs frontières. Durant le 18e siècle des dissensions eurent lieu dans l'intérieur de chacun des deux demi-cantons; elles étaient occasionnées surtout par les jalousies de quelques-unes des familles les plus influentes. En 1798, le district de Hérisau se prononça pour la nouvelle Constitution helvétique; le district de Trogen, ainsi que les Rhodes-Intérieures, décidèrent, au contraire, de résister à la France en même temps que les petits cantons de la Suisse centrale; mais l'arrivée des troupes françaises les contraignit bientôt à se soumettre au nouvel ordre de choses. Les magistrats des Rhodes-Extérieures cherchèrent, quelques années plus tard, à améliorer la législation de leur pays, qui était très-arriérée; mais, vu leur tendance aristocratique, le peuple refusa tous les changements, et destitua une partie de ses magistrats. Cependant, en 1831, la Landsgemeinde décida que des améliorations seraient introduites, et, en 1831, une nouvelle Constitution fut en effet adoptée. Dans les Rhodes-Intérieures, un gouvernement à tendances aristocratiques avait également été renversé dès 1828, et la Constitution modifiée le 26 avril 1829.

Cultes. — Ce fut l'Irlandais Gallus, ou saint Gall,

qui prêcha le premier le christianisme aux environs d'Appenzell, au commencement du 7e siècle, mais ce ne fut que vers l'an 1000 que le culte des idoles y fut complètement aboli. Les plus anciennes paroisses furent : celle de Hérisau qui date à peu près de l'an 780; celle d'Appenzell qui date de 1061, et celle de Teufenau qui date de 1302.

D'après leur Constitution, la religion des Rhodes-Extérieures est la religion réformée. Cette Constitution recommande aux citoyens de célébrer convenablement les fêtes et de se rendre assidument à l'église; elle impose aux ecclésiastiques le devoir de donner aux enfants l'instruction religieuse, et de veiller, de concert avec les magistrats, au maintien des bonnes mœurs. Les affaires de l'Eglise sont administrées par un synode. Ce Synode se rassemble ordinairement une fois par an. — Le mysticisme et l'esprit de secte a existé dès longtemps dans le canton. Durant le moyen-âge, il y eut toujours plusieurs ermites qui se vouèrent à la vie contemplative et vécurent dans des lieux écartés. Au moment de la Réformation, les doctrines des anabaptistes comptèrent plus de 2,000 adeptes; leur chef, Jean Krüsi, fut saisi et brûlé à Lucerne..

La religion catholique est la religion nationale des Rhodes-Intérieures. Les ecclésiastiques ont, pour la plupart, fait leurs études aux frais de l'Etat ou de fondations pieuses. Le Grand Conseil nomme les curés; ceux-ci exercent une assez grande influence sur les affaires de l'Etat.

Instruction publique. — Après la Réformation, les pasteurs ont cherché à répandre l'instruction parmi la jeunesse; mais ce n'est que dans le 17e siècle qu'on a établi dans les Rhodes-Extérieures des écoles proprement dites. Depuis le commencement de ce siècle, les écoles ont reçu des améliorations sensibles, et divers établissements superieurs ont été créés. Les écoles sont surveillées et visitées par une Commission scolaire, composée d'ecclésiastiques et de laïques, ainsi que par une Commission communale. Trogen possède un institut cantonal, qui, lors de sa fondation, commença par être un établissement privé, et qui a été doté par plusieurs citoyens généreux. On y enseigne les langues anciennes et modernes, les mathématiques, la géographie, l'histoire naturelle, etc. Des instituts pour les demoiselles ont été créés à Trogen et à Gaïs. Un séminaire de régents a été établi à Gaïs. Enfin, Hérisau et Trogen possèdent des instituts privés, où l'on fait les mêmes études que dans l'institut cantonal.

Dans les Rhodes-Intérieures, les écoles sont bien moins avancées; elles ont reçu quelques améliorations depuis une quarantaine d'années, mais les maîtres sont encore peu instruits et mal payés. Le Grand Conseil nomme les régents pour six années. Les parents n'avaient pas l'obligation d'envoyer leurs enfants à l'école, jusqu'à ces dernières années.

Industrie, Commerce, Economie rurale. — Le commerce et l'industrie sont les principales occupations des habitants des Rhodes-Extérieures, et un certain nombre de ceux des Rhodes-Intérieures s'y consacrent aussi. C'est en 1537 que s'établit la première société de commerce à Appenzell. Depuis 1572, ce commerce prospéra particulièrement, mais il céda peu à peu la place aux manufactures de tissus de coton, et surtout à la fabrication de la mousseline. Actuellement, 10 à 12,000 personnes se vouent à cette fabrication dans les Rhodes-Extérieures seules. Ces mousselines sont ou unies ou ornées des broderies les plus délicates, qui ont fait l'admiration du public à l'Exposition de Londres.

La principale culture du canton est celle des prairies, mais elle n'y a pas fait tous les progrès désirables; on pourrait y introduire avec avantage plus de prairies artificielles. Le canton possède aussi beaucoup de pâturages alpestres. Sur quelques-uns on trouve des villages entiers de châlets; on appelle *Sennthum* un troupeau composé de 24 vaches et d'un taureau; lorsque plusieurs troupeaux semblables sont réunis, on voit les taureaux combattre pour la possession du meilleur pâturage, et les plus faibles doivent céder la place aux plus forts. Les forêts sont négligées, et une consommation très-considérable tend constamment à les réduire. Les arbres fruitiers n'abondent que dans les communes les plus orientales du canton; la vigne ne se cultive que sur la lisière nord-est, dans les communes de Heiden, Wolfshalden et Walzenhausen.

Hommes distingués. — La culture des lettres, des sciences et des arts n'est point restée complètement étrangère aux Appenzellois. Plusieurs, en particulier, se sont occupés de travaux historiques. Le nom qui mérite le plus d'être cité, est celui de *J.-Gasp. Zellweger*, de Trogen, ancien réviseur des péages suisses et président de la Société d'Utilité publique, né en 1768, mort en 1855; son *Histoire du peuple d'Appenzell*, qui va jusqu'à l'admission de ce pays dans la Confédération, est regardée comme un ouvrage classique.

Pour la philosophie et la pédagogie, nous citerons *Laurent Zellweger*, docteur médecin de Trogen, mort en 1764, dont on a imprimé la correspondance scientifique avec Bodmer, Breitinger, Hirzel, Sulzer, et d'autres. Appenzell peut nommer comme théologiens distingués : *Walther Klarrer*, qui fit ses études à Paris; il fut le premier à prêcher la Réforme dans son lieu natal, en 1524, et fut en correspondance intime avec Zwingli.

Malgré les dispositions naturelles des Appenzellois pour la poésie, un bien petit nombre ont acquis quelque renommée dans cet art; on peut citer cependant *Werner de Teufen*, qui fut *minnesinger*, ou barde, au 13e siècle. *D.-A. Grob*, qui a publié des tableaux dramatiques de la Suisse en 1816, des chants pour les guerriers suisses en 1824, etc.; *Nænni*, élève de Pestalozzi, qui a écrit un *Manuel de l'amour et de l'amitié*, en 1833, etc. Plusieurs Appenzellois se sont distingués par leur génie inventif dans les arts mécaniques, mais surtout *Jean Grubemann*, de Teufen, mort en 1783, qui fut l'inventeur des ponts en bois suspendus; il construisit entre autres ceux de Schaffhouse et de Wettingen, qui furent incendiés pendant les guerres de la Révolution, à la fin du siècle dernier; il éleva aussi plusieurs palais et une trentaine d'églises. *Langenegger*, de Gaïs, a réparé plusieurs palais impériaux de Saint-Pétersbourg. *Altherr*, de Wald, ami du précédent, a construit, de concert avec lui, plusieurs édifices, entre autres un hôtel des monnaies à Saint-Pétersbourg; il est mort dans l'incendie de Moscou.

Mœurs, Coutumes, Caractères. — Si, sous certains rapports, il existe un contraste entre la population des Rhodes-Intérieures et celle des Rhodes-Extérieures, sous plusieurs autres, ces deux populations ont une grande analogie entre elles. La première est catholique, et la seconde protestante; la première a conservé le type ancien des habitants du pays, et particulièrement une taille élancée, tandis que, chez la seconde, une taille moyenne est la plus ordinaire. Les habitants des Rhodes-Intérieures se vouent presque exclusivement à la vie pastorale, et ont conservé leur costume pittoresque de berger, tandis que leurs voisins se consacrent avec une grande activité aux occupations industrielles et commerciales. Mais tous les Appenzellois, en général, ont une vivacité et une jovialité remarquables; ils ont une intelligence très-éveillée et de l'esprit naturel, qui se manifeste par des saillies originales. Ils ont la même bravoure, le même amour de la liberté, et surtout le même goût des divertissements et des réjouissances de tout genre, tels que la danse, les jeux gymnastiques, le chant, etc. Les Landsgemeindes, les jours de revue de la milice, et les fêtes d'Eglise sont pour eux l'occasion d'autant de fêtes nationales.

Les Rhodes-Extérieures ont conservé quelques fêtes particulières. Le 17 février, dans quelques communes de la rive gauche de la Sitter, on promène sur un char un tronc d'arbres orné de fleurs et de guirlandes ; un homme et une femme, vêtus de l'antique costume suisse et portant des clochettes, se promènent gravement devant le cortége; le chef de la fête, assis sur le tronc d'arbre, salue gracieusement la foule. On ignore l'origine et le but de cette fête.

Les citoyens des Rhodes-Intérieures ont encore coutume de se rendre, le sabre au côté, aux Landsgemeindes, ainsi qu'à la procession qui visite le champ de bataille de Stoss. Autrefois, le port de cette arme était très-fréquent dans le pays. Jusque vers la fin du 1[illegible] siècle, les citoyens des Rhodes-Extérieures la portaient même pour se présenter à la communion.

Appenzell. — L'ancien chef-lieu de tout le canton, et le chef-lieu actuel des Rhodes-Intérieures, est le bourg d'Appenzell, qui ne compte que 2,000 habitants. Il est situé sur la Sitter, dans un vallon dominé, à l'ouest, par le Kamor et le Hoben-Kasten; au sud, par l'Ebenalp. Ce bourg fut jadis la résidence d'été des abbés de Saint-Gall; de là son nom *Abattis cella* (Cellule de l'abbé). L'église de Saint-Maurice, fondée en 1061, fut la deuxième du pays; elle fut restaurée, il y a une trentaine d'années; elle renferme des fac-simile des bannières conquises par les Appenzellois, au 15e siècle; les bannières elles-mêmes sont conservées aux archives. Près de l'église est la chapelle des morts, qui contient un ossuaire.

WEISSBAD, WILDKIRCHLI, EBENALP. — A l'ouest d'Appenzell est Gonten, qui possède des bains assez fréquentés; mais à trois quart d'heure au sud sont ceux de Weissbad, qui jouissent d'une plus grande vogue. Leurs environs présentent diverses excursions très intéressantes. A deux petites lieues de Weissbad, dans un site extrêmement sauvage et pittoresque, et sur le flanc oriental de la chaîne même du Sæntis, s'ouvre une grotte au-dessus d'un précipice de 200 à 250 pieds; on y trouve un ermitage et une chapelle, auxquels on arrive au moyen d'un escalier de bois suspendu au-dessus de l'abîme. L'ermitage fut fondé en 1756 par Paul Ulmann, qui le dédia à l'archange Michel (selon d'autres, en 1610 ou 1656). La cloche servit à indiquer les heures de la prière aux pieux bergers des Alpes d'alentour. Le jour de la Saint-Michel, on célèbre dans la chapelle un service qui est suivi d'une fête pastorale. De l'entrée de la grotte on jouit d'une belle vue sur une partie du lac de Constance et de ses côtes septentrionales, sur le Kamor et l'Altmann ; dans le fond du vallon l'on aperçoit le lac de Seealp. La caverne est longue de 200 pas, et ses parois sont couvertes de stalactites ; son sol est incliné ; de son issue supérieure un sentier un peu escarpé conduit à l'Ebenalp, située à l'extrémité nord de la chaîne occidentale de l'Alpstein. Cette alpe présente un beau plateau, riche en plantes alpines. On va quelquefois passer la nuit dans un châlet pour assister au spectacle du lever du soleil. On y voit un enfoncement en forme d'entonnoir, de 50 pieds de circonférence, qu'on appelle *Wetterloch* (Trou du temps), et qui renferme toute l'année de la glace et de la neige, dont les bergers se servent pour se procurer de l'eau. — Un sentier conduit de Weissbad à Wildhaus dans le Haut-Toggenbourg, par Brüllisau et le Fæhlenthal ; il passe près des deux petits lacs de Sæntis et de Fæhlen, et par la Kraialp située au pied de l'Altmann. En arrivant au sommet du col, on découvre une belle vue sur les montagnes du Toggenbourg, où se font remarquer les nombreux pics des Kuhfirsten. Un autre sentier conduit également à Wildhaus par le vallon de la Seealp et par la Meglisalp, située entre le Sæntis et l'Altmann. Un troisième s'engage dans le vallon de Weisswasser (Eau blanche), et passe par la Schwagalp, la principale des alpes des Rhodes-Extérieures, où l'on trouve une vingtaine de châlets et de nombreux troupeaux ; il descend de là à Nesslau dans le Toggenbourg. De Weissbad on peut se rendre aussi dans le Rheinthal par le col du Kamor.

Sæntis. — L'ascension du Sæntis n'est point facile : elle exige une bonne tête. Plusieurs chemins y conduisent, dont trois partent de Weissbad ; le seul qui soit exempt de danger passe par la Hüttenalp, située au-dessus des parois escarpées qui dominent la Seealp, puis par la Meglisalp, qui se trouve à moitié chemin du sommet, et où l'on peut passer la nuit. De là on monte à la *Wagenlucke* (Echancrure hasardeuse) ; puis, par des plaines de neige, on s'approche du sommet du Sæntis, qui présente deux cîmes séparées par un petit glacier ; la plus septentrionale s'appelle la *Gyrenspitz* ou *Geierspitz* (Pointe du vautour) ; la cîme méridionale est le *Sæntis* proprement dit ; on l'appelle aussi le *Grand Messmer*. C'est celui qu'on gravit ordinairement ; on y découvre un panorama magnifique sur la Suisse septentrionale et orientale, sur le lac de Constance, et sur la chaîne des Alpes du Tyrol au canton de Berne. Sur un rocher au-dessus de la Seealp, on a gravé une inscription en mémoire du professeur Jetzeler, de Schaffhouse, qui, en 1791, s'étant aventuré sans guide sur ces hauteurs, trouva la mort dans un précipice. Les flancs du Sæntis sont escarpés de tous les côtés. Un second sentier passe par la Seealp, puis derrière les rochers de l'Œhrli, et va rejoindre le premier à la Wagenlucke ; un troisième se dirige vers la Schwægalp, située à l'ouest du Sæntis, puis s'élève par la Widderalp, etc. On peut aussi faire l'ascension en partant de Saint-Jean dans le Toggenbourg, ou d'Urnæsch, dans les Rhodes-Extérieures, et gagnant la Schwægalp.

Altmann, Kamor, Hohe-Kasten. — L'ascension de l'Altmann est aussi très-difficile ; celle de la plus septentrionale de ses deux cimes n'est cependant point dangereuse. La vue qu'on y découvre est la même que celle du Sæntis. Quant au Kamor, à l'est de Weissbad, il est très-commode à gravir. On y voit plusieurs grottes qui sont tapissées de lait de lune, et une cavité large de 4 pieds et profonde de 600 pieds, qu'on appelle *Wetterloch*. A un quart de lieue au sud du Kamor est la sommité du Hohe-Kasten, qui n'est accessible que par le Kamor, et qui est entouré de précipices de tous les autres côtés ; il n'est que de 130 pieds plus élevé que le Kamor. Ces deux sommités offrent une vue que quelques personnes mettent sur la même ligne que celle du Righi ; elle embrasse le lac de Constance, le Rheinthal et une multitude innombrable de montagnes du Voralberg, du Tyrol et de la Suisse.

Trogen. — Le bourg de Trogen est un des chefs-lieux des Rhodes-Extérieures. Il se compose en partie de belles maisons, entourées de jardins, et qui forment une place carrée et pavée où se réunit la Landsgemeinde. On y remarque l'église, avec une belle façade, des peintures à fresque et un baptistère en marbre de Carrare; l'Hôtel-de-Ville, où l'on voit dans les salles des Conseils les portraits des landammanns; l'arsenal, bâti en 1821; la maison du statthalter Zellweger, qui contient une belle bibliothèque. Nous avons déjà parlé de l'institut cantonal de Trogen et de sa maison d'orphelins.

VŒGELISEGG, WOLFHALDEN, etc. — Les environs de Trogen offrent un grand nombre de promenades intéressantes. De toutes les collines voisines on découvre des points de vue étendus; les bains de Tobel sont situés dans une gorge de la Goldach. Non loin de Trogen est le grand et industrieux village de *Speicher*, dominé par la hauteur de Vœgelisegg (2,960 pieds), d'où l'on voit toutes les montagnes d'Appenzell, celles du Vorarlberg, le lac de Constance, la Thurgovie; c'est sur la pente septentrionale de cette montagne que les Appenzellois remportèrent la première victoire qui assura leur liberté. Dans le voisinage est la gorge romantique de *Lochlimühle* (Moulin du trou). Plus à l'est, s'élève le Kayen (3,120), qui offre la même vue que la Vœgelisegg.

GÆBRIS, GAÏS, LE STOSS. — Au sud de Trogen s'élève le mont Gæbris (3,856), dont la sommité arrondie est couverte des plus riches pâturages; l'ascension en est très facile et le panorama d'une grande étendue. Au sud du Gæbris est le beau village Gaïs, qui possède un séminaire, un institut de filles, une maison d'orphelins, et quatre sources minérales. La route de Saint-Gall à Altstætten passe à Gaïs; elle sort du canton d'Appenzell par le passage du *Stoss*.

HÉRISAU. — Ce bourg est le second chef-lieu des Rhodes-Extérieures. Il a une assez belle église, une tour carrée, qui remonte probablement au 7e siècle, et où l'on conserve les archives du pays; elle porte une cloche de 170 quintaux; un Hôtel-de-Ville, de 1827, et de belles fabriques; c'est l'endroit le plus populeux et en même temps le plus commerçant et le plus industrieux du canton. C'est en 1627 que Hérisau obtint d'être considéré comme deuxième chef-lieu des Rhodes-Extérieures, et de faire prendre dans les communes de la rive gauche de la Sitter un nombre de fonctionnaires égal à ceux choisis sur la rive droite. On jouit de vues charmantes sur les collines voisines, couronnées des ruines des châteaux de *Rosenberg* et de *Rosenbourg;* près de ces dernières on célèbre des jeux gymnastiques dans la belle saison. Au pied du Rosenberg est un joli vallon, où *Henri Steiger* a fondé, en 1824, un établissement de bains, *Heinrichsbad* (Bains de Henri), qui est un des plus élégants de toute la Suisse. Les eaux sont ferrugineuses. La route de Saint-Gall au Toggenbourg passe par Hérisau; deux chemins partant de Hérisau et de Saint-Gall remontent la vallée de l'Urnæsch, remarquable par ses gorges profondes, et se joignent près du village de ce nom. Un sentier conduit de là dans le Haut-Toggenbourg; il passe près de la cascade de Leuenfall et d'une grotte remplie de stalactites, et non loin des beaux pâturages de la Schwægalp, que domine le Sæntis. Près des châlets de la Schwægalp se trouvent plusieurs fissures, d'où s'échappent constamment des courants d'air, qui sont un indice de beau temps s'ils sont forts et froids. On célèbre à Urnæsch, au mois d'août, une fête pastorale qui y attire beaucoup de monde.

V

Nous sommes restés à Hérisau ou dans les environs. En route, maintenant, pour les cantons de Glaris et de Coire. Nous reviendrons sur nos pas jusqu'au lac de Zurich, mais non sans avoir visité le pays des Alpes Grisonnes.

Une belle route conduit le voyageur de Hérisau à Wattwill (du canton de Saint-Gall), et de Wattwill à Utsnach, ville voisine du canal qui unit le Walensée avec le lac de Zurich. Nous prenons à Utznasch le train qui mène à Glaris et jusqu'au pied des sources de la Linth. Un voyage chez les Glaronnais présente moins de difficultés que nos courses précédentes dans les Rhodes des Appenzellois.

Disons d'abord ce qu'est le canton de Glaris, ses origines, son histoire, etc.

CANTON DE GLARIS

Situation, Etendue, Climat. — Le canton de Glaris est limité, au nord, par le lac de Wallenstad et par le canton de Saint-Gall; à l'est par le même canton; au sud, par les Grisons; à l'ouest, par les cantons d'Uri et de Schwytz. Trois chaînes de montagnes le séparent de ces cantons. Sa population est de 35,000 habitants. Sa longueur est de 12 lieues, sur une largeur qui varie de 4 à 6. Le climat n'est pas si rude qu'on pourrait le croire au premier aspect. L'hiver est froid, à la vérité, mais les neiges fondent de bonne heure au printemps, sous l'influence du vent du sud; on assure même que souvent on cueille des fraises vers la fin d'avril, et des cerises au mois de mai. D'ailleurs, toute la contrée habitée de la vallée principale n'atteint pas une élévation considérable. Linthal, chef-lieu de la commune la plus rapprochée des plus hautes montagnes, n'est qu'à 2,000 pieds au-dessus de la mer.

Montagnes, Vallées et Rivières. — Les montagnes de Glaris s'élèvent de 5 à 12,000 pieds. Leurs points culminants se trouvent sur les confins des Grisons. On y voit le *Piz Rosein*, de 12,760 pieds; le *petit Tœdi*, de 11,150; le *Hausstock* de 9,700; la *Scheibe* de 9,500; sur les confins de Schwytz; le *Scheyenstock*, 6,500; le *Reiselt*, 8,632, etc. Une ramification qui se détache de la chaîne grisonne, et dont le plus haut sommet est le *Karpfstock*, 8,600, court vers le nord sous le nom de *Freyberg*, et sépare les deux principales vallées glaronaises, celle de la Linth ou Linththal, arrosée par la Linth, qui prend ses sources dans les vastes glaciers du Tœdi et des Alpes Glarides, et le Sernfthal, arrosé par la Sernft, qui descend des environs du col Panix. Il y a, en outre, quelques autres vallons de peu de longueur et la plupart inhabités : le principal est le romantique vallon de Klœnthal, situé au nord du Glærnisch et voisin de Glaris.

Par suite de la raideur des pentes de montagnes, les pluies qui tombent sur les sommités se précipitent avec une telle vitesse dans les vallées, qu'elles y occasionnent de terribles inondations. La Linth déborde souvent, à la suite des fontes de neige ou de pluies ; en 1762 et en 1764 elle convertit en un lac une grande partie de ses rives. Les villes de Wesen et de Wallenstadt, situées aux deux extrémités du lac, étaient inondées tous les étés. En 1807, la Diète adopta les plans proposés par M. Conrad Escher pour corriger le cours de la Linth. Les services rendus à la Suisse dans cette entreprise par M. Escher, lui ont fait décerner par la Diéte le nom d'*Escher de la Linth*.

Lacs et Cascades. — Le canton de Glaris possède une partie des rives du lac de Wallenstadt et plusieurs autres petits lacs situés dans les vallons et sur des plateaux élevés. Le principal est celui de *Klœn*, qui donne son nom à un gracieux vallon; il a près d'une lieue de longueur, sur vingt minutes de largeur. L'*Oberblegi-See*, à l'ouest de Schwanden, s'écoule par le Langelbach, qui forme plusieurs cascades; le *Muttensee*, près des glaciers du Kistenberg, est presque toujours gelé; il s'écoule par un dégorgement souterrain, qui forme le Limmernbach, une des sources de la Linth. L'*Obersee* et le *Niedersee* (lac supérieur et inférieur), au-dessus de Næfels, sur la pente nord du Wiggis, donnent naissance au Raütibach, qui forme une belle chute. — Les cascades les plus remarquables sont celles du *Fœtschbach* et du *Schreinbach*, près de Linthal; celles d'*Oberstaffel* et du *Limmernbach*, près des sources de la Linth; celle du *Plattenberg*, dans le Sernftthal près d'Engi, etc.

Histoire naturelle. — La chasse a considérablement réduit le nombre des animaux sauvages sur les montagnes de Glaris. L'espèce des bouquetins est détruite depuis plus de deux siècles. Pour protéger le chamois contre une entière destruction, le Gouvernement avait mis des restrictions au droit de chasse sur la chaîne du Freyberg. Le nom de cette montagne (franche ou libre montagne) vient de cette espèce d'asile accordé à cet animal. Les montagnes de Glaris sont riches en plantes alpines, dont plusieurs sont très-rares. On y recueille aussi une grande quantité d'une espèce de trèfle, le mélilot bleu, qu'on emploie pour la fabrication des fromages, ainsi que du lichen d'Islande et de l'écorce de garou, qu'on exporte dans divers pays étrangers. Les arbres fruitiers y prospèrent; on y voit croître des pêchers, des abricotiers, et même des amandiers dans des vallons bien abrités. Il y croît aussi de la vigne en quelques localités, par exemple près de Mollis et d'Ennenda.

Les montagnes de Glaris sont principalement composées de roches calcaires grises; mais vers le sud, au Tœdi et aux montagnes voisines, le calcaire a pour base une roche primitive. Ailleurs, les roches calcaires sont mélangées de couches de schiste argileux ou de grauwacke rouge d'une grande variété de nuances. Le mont Plattenberg, au-dessus d'Engi, est renommé pour ses belles ardoises et pour ses poissons pétrifiés. On trouve aussi du gypse sous les schistes argileux au-dessus d'Engi. Sur plusieurs points, on trouve du marbre noir ou veiné de blanc. On rencontre, parmi les cailloux roulés du lit de la Linth, du spath fluor couleur de rose, et des cristaux quartzeux d'un bleu améthyste, qui proviennent des roches primitives des environs du Tœdi. Il y a sur la Sand-Alp, au pied du Tœdi, des pyrites cuivreuses, dont la forme est sphérique et l'intérieur étoilé, ce qui fait que les pâtres les désignent sous le nom de *Strahlstein*, ou pierre étoilée. Il existe dans le canton plusieurs mines d'argent, de cuivre et de fer, mais les difficultés et les frais d'exploitation les ont fait négliger; au 16e siècle on avait commencé l'exploitation d'une mine d'argent sur le mont Guppel. — Le canton de Glaris est une des contrées de la Suisse où l'on ressent le plus grand nombre de tremblements de terre.

Histoire. — On assure que les Romains ont occupé le bas de la vallée de Glaris; on a trouvé près de Mollis, en 1765, 200 pièces de monnaie de divers empereurs. En 490, un moine irlandais, nommé Fridolin, qui avait fondé plusieurs couvents, entre autres celui de Seckingen, sur les bords du Rhin (rive badoise), vint propager la foi chrétienne aux environs de Glaris, et y bâtit une église. Plusieurs membres de la famille Tschudi, une des plus illustres du pays, administrèrent la vallée au nom de l'abbé; mais, dès 1264, la maison d'Autriche s'en attribua la souveraineté, et la fit gouverner par des baillis, dont les exactions causèrent une foule de mécontentements. Plusieurs familles libres allèrent s'établir dans les pays d'Uri, de Schwytz et de Zurich, dont les habitants venaient de secouer le joug de l'Autriche. Les Glaronais conclurent un traité avec Schwytz en 1323; mais ils furent encore opprimés par des baillis étrangers. Les Confédérés occupèrent Glaris en hiver 1351, pour prévenir les dangers dont ils étaient menacés sur ce point de la part de l'Autriche, et les Glaronais profitèrent de cette circonstance pour conquérir leur liberté. Le

8 juin 1352, Glaris fut admis dans la Confédération. C'était le sixième canton (mais il n'eut plus que le septième rang après l'admission de Berne en 1353). En 1386, les Glaronais prirent part à la bataille de Sempach. Le 9 avril 1388, aidés de quelques Schwytzois, ils remportèrent la mémorable victoire de Næfels. Dans le 15e siècle, ils aidèrent Appenzell à secouer le joug des abbés de Saint-Gall, et firent quelques conquêtes, de concert avec d'autres Confédérés, entre autres, en 1441, celle des bailliages de Gastern et d'Utznach, qu'ils prirent avec Schwytz. Les Glaronais combattirent avec gloire dans diverses batailles ; à Marignan, ils perdirent 400 des leurs. Zwingli fut curé de Glaris de 1506 à 1515. La Réformation, qui d'abord fut introduite dans la vallée de la Sernft, se répandit bientôt dans la plus grande partie du pays.

Le canton n'avait vu aucune armée étrangère depuis 410 ans, lorsqu'il fut désarmé par les Français, le 17 septembre 1798. L'histoire du pays offre dès-lors peu de faits saillants. L'industrie eut réparé bientôt les désastres de la guerre. Glaris a suivi, à l'ordinaire, dans les Diètes une voie sage et modérée. Plus heureux que bien d'autres cantons, il n'a point été déchiré par des dissensions intérieures.

Constitution. — Le canton se gouverne comme une démocratie pure. La Landsgemeinde se compose des citoyens âgés de 18 ans, et s'assemble le second dimanche de mai; elle exerce le pouvoir souverain, nomme à diverses magistratures, sanctionne les lois et les impôts; mais elle ne s'occupe d'aucune proposition qui n'ait été communiquée au Landrath au moins un mois à l'avance. Le Landrath s'occupe de l'administration et des affaires fédérales; il exerce la police, et projette les lois. Il se compose de 60 conseillers, dont 45 réformés et 15 catholiques, et en outre, du landammann, du statthalter, des anciens landammanns, et de quelques autres principaux fonctionnaires.

Les communes élisent leur président et leur Conseil communal, dont font partie les membres du *Conseil;* les paroisses élisent leur pasteur et leur Conseil paroissial, dont le pasteur est président.

Culte et Instruction publique. — Sur les 35,000 habitants que compte le canton, il y a 4,000 catholiques. Ces derniers habitent principalement les villages de Næfels et de Nieder-Urnen. On compte aussi 5 à 600 catholiques à Glaris, ainsi qu'à Nettstall. Il y a à Glaris une église qui sert aux deux cultes. Le canton possède de bonnes écoles dans chaque commune. L'instruction est assez répandue dans le pays, mais il n'a pas d'établissement supérieur. Il existe à Glaris, sur les bords de la Linth, une école industrielle destinée aux enfants pauvres, dont Escher avait conçu le projet.

Commerce, Industrie. — Les habitants de Glaris sont un des peuples les plus industrieux de la Suisse. Ils commencèrent, dans le 17e siècle, à établir des manufactures dans le pays; ils travaillèrent d'abord pour des négociants de Zurich, mais bientôt ils se mirent à le faire pour leur compte. Ils ont maintenant des fabriques de coton et de soierie, des teintureries, des imprimeries d'indienne, des tanneries, etc. Glaris, Mollis, Ennenda et Schwanden, sont les principaux centres des fabriques et du commerce du canton. Glaris exporte aussi, surtout pour la France, divers ouvrages en paille tressée, qui, pour la beauté et la finesse, rivalisent avec ceux de Florence. Au milieu du 17e siècle, on exportait des plateaux d'ardoise tirés des carrières de Matt et d'Engi ; cette industrie est maintenant négligée. La culture des prairies, l'économie alpestre sont loin d'être négligées dans le canton ; les excellents pâturages qui couvrent ses alpes sont une de ses principales richesses, et on y entend fort bien l'éducation des bestiaux. Une des branches considérables d'exportation est celle des fromages verts dits *Schabziger*, dont la fabrication est presque particulière à Glaris. On broye le *céret* dans une sorte de moulin avec du sel et du mélilot bleu (*trifolium mélilotum cœruleum*), qu'on cueille sur les hautes montagnes. Cette herbe entre pour 3 p. °/₀ dans le mélange. On met ensuite cette pâte dans des formes, et on la fait sécher à l'air. C'est surtout à Glaris et à Mollis que s'opère cette fabrication. Enfin, l'on exporte du lichen, de la mousse d'Ecosse, et une certaine quantité d'herbes aromatiques qui croissent seulement dans le canton, et dont on fait une sorte de thé, connu sous le nom de thé suisse.

Hommes distingués. — Parmi les hommes d'Etat et les capitaines auxquels Glaris a donné le jour, on remarque particulièrement *Rodolphe Stüssi*, qui fut bourgmestre de Zurich dans le 15e siècle; *Jost Tschudi*, qui, de 1419 a 1450, joua un grand rôle dans toutes les affaires et les guerres de son temps, et qui fut antagoniste de Stüssi. *Werner Æbli*, qui fut couvert de blessures à la bataille de Saint-Jacques, et fut le seul survivant des 50 Glaronais qui y assistaient. Les familles *Tschudi*, *Freuler*, *Jauch*, *Bachmann*, *Müller*, *Marti*, *Paravicini*, *Schindler*, etc., ont produit une quantité de généraux et de maréchaux. L'un des plus célèbres est le maréchal de camp *Gallati*, qui, pendant 69 ans, rendit des services signalés aux rois Henri III, Charles IX, Henri IV et Louis XIII.

Dans la carrière des lettres, Glaris a plusieurs noms à citer. *Valentin Tschudi*, curé de Glaris, mort en 1755, a composé une *Histoire de la Réformation du canton de Glaris*. *Ægidius Tschudi*, mort en 1572, est l'un des meilleurs historiens de la Suisse.

Mœurs, Coutumes, Caractère. — Les habitants de Glaris se distinguent par leur intelligence et leur esprit industrieux; mais ils ne sont pas moins recommandables par leur bienveillance envers les étrangers, l'union qui existe entre eux, et la simplicité de leurs mœurs. De même que les populations des cantons voisins, ils sont très-attachés à leurs institutions démocratiques; mais ils ont mieux compris l'exigence de leur époque actuelle, et ne sont pas opposés aux changements dans l'organisation fédérale. Les Glaronais ont toujours eu un grand goût pour le métier des armes, ainsi que pour la chasse. Le faucheur glaronais, se fiant à ses crampons et à sa bonne tête, risque souvent sa vie pour un mince salaire, sur les pentes les plus raides. Le costume ordinaire des pâtres est une camisole en toile, derrière laquelle pend un capuchon, dont il se couvre la tête quand il pleut.

Glaris. — Le bourg de Glaris, chef-lieu du canton, compte 5,000 habitants. Il est à 1,480 pieds au-dessus de la mer. On y voit de belles maisons, de larges rues, une cathédrale gothique, un hôpital. La situation de Glaris est remarquable : aucun autre chef-lieu de la Suisse n'est dominé de si près par d'aussi hautes montagnes. D'un côté s'élèvent les parois de rochers du Schilt, haut de 7,370 pieds au-dessus de la mer; de l'autre, le sauvage Glærnisch aux assises gigantesques, et dont la hauteur absolue (8,920 pieds) dépasse celle de Glaris de 7,440 pieds. En hiver, le bourg ne jouit que pendant peu d'heures des rayons du soleil. De la colline dite du Château (*Burghügel*), la vue découvre toute la vallée. On y trouve une chapelle consacrée à Félix et à Régula; on assure que ce couple a séjourné jadis dans une grotte du voisinage. — Le grand et industrieux village d'Ennenda, situé au pied du Schilt, est séparé de Glaris par une belle avenue d'arbres qui sert de promenade.

KLŒNTHAL. — Un peu au-dessous de Glaris s'ouvre, à l'ouest, l'intéressante vallée de Klœnthal. On monte par un chemin assez raide, à côté d'une gorge profonde, où mugit le Lœntsch, en tombant de chute en chute ; tout à coup on aperçoit une des vallées les plus attrayantes qu'il y ait dans les Alpes ; elle s'étend entre le Wiggis et le Glærnisch ; un glacier couvre les sept cimes de ce dernier. Au bout du vallon, l'œil découvre le joli lac de Klœn, dont les rives sont couvertes des plus fraîches prairies, parsemées de cabanes et de bouquets d'érables et de hêtres. C'est dans cette contrée romantique que l'immortel Salomon Gessner aimait à venir passer quelques semaines, dans un châlet, pour méditer ses idylles au milieu des scènes pastorales. Une simple inscription a été gravée en son honneur contre un immense bloc de rocher, dans un lieu écarté, du côté du lac opposé à la route ; dans le voisinage, les eaux d'une cascade vont en murmurant se jeter dans le lac. — De l'extrémité du lac, il y a encore trois lieues pour atteindre le col du Pragel, qui mène dans la vallée schwytzoise de Muotta ; on trouve au pied du col l'auberge de Vorauen, très-fréquentée par les Glaronais. On peut aussi gravir sur le Wigis, d'où la vue s'étend au loin du côté du nord et de l'est. Quant à l'ascension du Glærnisch, elle n'est point sans danger.

NÆFELS, MOLLIS. — Entre Glaris et Næfels, on passe à Nettstall, grand village au pied des immenses pentes du Wiggis, et très-exposé aux avalanches du printemps. Næfels est aussi un lieu considérable. Son église passe pour la plus belle du canton. Sur une hauteur est le couvent de Marienbourg, qui occupe l'emplacement d'un ancien château. Au nord de Næfels, sur l'ancien champ de bataille, on voit encore les onze bornes plantées en mémoire des onze attaques qu'il fallut repousser. Chaque année, le second jeudi d'avril, en vertu d'un ancien décret, on célèbre solennellement le souvenir de cette mémorable victoire. Les cinquante-cinq Glaronais tombés à Næfels sont ensevelis dans le cimetière de Mollis, et leurs noms sont gravés en lettres d'or dans l'église. Mollis est dans une charmante situation, au milieu de superbes prairies et d'une forêt d'arbres fruitiers. Il a de jolies maisons, un établissement de bains, des fabriques d'indienne et de schabziger. Un sentier conduit de Mollis à Kerenzen et à d'autres villages situés sur les hauteurs qui dominent le lac de Wallenstadt.

Linththal, Sand-Alp. — Près de Schwanden, gros bourg à une lieue au sud de Glaris, on aperçoit au fond de la vallée les cimes majestueuses et les glaciers du mont Tœdi ; à mesure qu'on avance vers sa base, il se cache derrière les montagnes plus rapprochées du spectateur. On voit à gauche l'ouverture de l'étroite vallée de la Sernft. Quant à la vallée de la Linth, appelée aussi *Grossthal* ou grande vallée, elle présente une série de frais paysages, animés de distance en distance par de jolies cascades : à droite celle du Lengenbach, à gauche celles du Diesbach et de Durnach. Le chemin, qui est presque uni, traverse constamment de belles prairies parsemées de hameaux. On aperçoit au loin le bâtiment des bains du Stachelberg, sur la rive droite de la Linth, et le village de Linththal. A un quart de lieue de Linththal s'ouvre une gorge où le Tætschbach fait une chute pittoresque, qui mérite d'être vue de près. C'est à côté de ce torrent que commence un sentier qui conduit à Altorf par l'alpe qu'on nomme *Urnerboden* (sol d'Uri), ou *Marchalp* (alpe frontière), et par le col de Klausen. Une demi-lieue plus loin, on se trouve en face d'une cascade non moins belle, le Schreyenbach; on l'aperçoit de très-loin, semblable à une écharpe mouvante. D'ici, pour s'approcher du Tœdi, il faut maintenant gravir sur une pente rapide; au bout d'une demi-heure, on arrive au fameux pont nommé Pantenbrücke. L'ancien pont, qui datait de quatre siècles, se composait d'une arche de 20 pieds, établie à 150 pieds au-dessus de la Linth, qui bouillonne au fond de l'abîme; il s'est écroulé en mai 1852, probablement par suite d'une avalanche. On l'a remplacé par un pont en bois. Ce site est remarquable par l'affreuse solitude qui y règne et par les horribles déchirements des rochers. Plus haut, les torrents qui s'écoulent des glaciers du Tœdi, et dont la réunion forme la Linth, font encore de grandes cascades. Le sentier passe successivement sur la Limmern-Alp et sur les trois gradins de la Sand-Alp. Le voyageur est constamment entouré des scènes les plus sauvages et les plus grandioses.

Sernftthal, Panix. — Retournons maintenant à Schwanden, et pénétrons dans la gorge étroite qui s'ouvre à l'est. Après avoir franchi un défilé long d'une lieue, on arrive à Engi, le village inférieur de la vallée de la Sernft. Cette vallée est partout très-resserrée, et n'a presque aucun terrain plat. De Matt, deux sentiers conduisent à Weisstannen et à Sargans au canton de Saint-Gall, par le Krauchthal et par le mont Riseten. Le village d'Elm, étant très-rapproché des hautes sommités qui enferment la vallée, se trouve privé des rayons du soleil pendant six semaines de l'hiver. Au sud-est d'Elm, on aperçoit, vers le haut du Tschingelspitz, un grand trou nommé Martinsloch ; trois matins du mois de mars et deux du mois de septembre, les rayons du soleil traversent le trou et viennent éclairer le clocher d'Elm. Un sentier, partant d'Elm, mène à Sargans. Un autre, plus difficile, conduit par le Segnespass à Flims dans les Grisons. Enfin, si l'on continue pendant une heure à remonter la Sernft le long des prairies, on arrive au pied du col du Panix, haut de 7,125 pieds, et qui conduit au village du même nom dans les Grisons. C'est par là que Souwarow opéra sa retraite. Ce sol, difficile pour une armée, n'est point du tout dangereux pour des voyageurs accompagnés d'un guide.

VI

Quittons pour un instant les hauts sommets des Alpes ; partons de Glaris pour Rapperschwyll, ville saint-galloise, située sur le lac de Zurich. Les lignes ferrées desservent les bords de cette longue étendue d'eau, et les bateaux à vapeur y sont nombreux. Il ne faut pas oublier de visiter la partie supérieure du lac, plus solitaire à la vérité, mais entourée de cimes grandioses et de paysages alpestres. La route de Zurich à Rapperschwyll, par chemin de fer, n'est pas comparable au trajet que suivent les bateaux, et nous en parlerons quand nous visiterons Zurich ; mais, depuis Rapperschwyll, la ligne ferrée offre des vues ravissantes jusqu'à Coire, capitale des Grisons. Suivons cette voie qui nous ramènera au lac de Wallenstadt et à la vallée du Rhin, car la ville grisonne vers laquelle nous marchons, est sur un des affluents du grand fleuve et tout auprès.

CANTON DES GRISONS

Situation, Etendue, Climat. — Le canton des Grisons ou Graubünden (lignes grises), forme la partie sud-est de la Suisse. Il est borné, à l'ouest, par les cantons du Tessin et d'Uri ; au nord, par ceux de Glaris et de Saint-Gall, et par le Vorarlberg ; à l'est, par le Tyrol ; au sud, par la grande vallée de l'Adda, et par le pays de Chiavenne. C'est là sixième partie de la Suisse. Sa plus grande longueur est d'au moins 30 lieues, et sa plus grande largeur de 20. Sa population est de 95,000 âmes. Le climat des Grisons varie extrêmement d'après les différences d'exposition et d'élévation. Plusieurs vallées atteignent une très-grande hauteur, et sont les plus froides de la Suisse. Ailleurs, le climat est tempéré ; telle est la vallée de Coire. Enfin, les vallées qui s'ouvrent sur le revers méridional des Alpes jouissent déjà d'un ciel italien.

Montagnes et Glaciers. — Le canton des Grisons est partout hérissé d'énormes montagnes dont plusieurs pics dépassent la hauteur de 11 et 12,000 pieds. Ces montagnes sont couronnées de neiges et de glaces éternelles, qui donnent naissance à un grand nombre de rivières et de torrents. La partie méridionale du canton est traversée par la chaîne principale des Alpes qui forme la ligne de séparation entre les cours d'eau. Il s'en détache, des deux côtés, plusieurs ramifications, qui suivent des directions très-variées, et dont quelques-unes se subdivisent en diverses branches. Toutes ces ramifications sont séparées par autant de vallées, et forment dans leur ensemble un véritable labyrinthe. Indiquons la direction et les détours de la chaîne principale. A partir du groupe de Saint-Gothard, elle forme la frontière du canton, courant d'abord vers l'est jusqu'au Piz Kamona, et ensuite vers le sud, jusqu'au Moschelhorn. De là, tournant de nouveau vers l'est, elle se dirige, par le Bernardin et le Splügen, vers le septimer. Elle sépare la vallée du Rhin postérieur d'abord du val Misocco, puis du pays de Chiavenne. Au sud du Septimer, elle s'abaisse vers le col Maloja, et se relève au massif du Bernina. Elle forme les confins entre la Haute-Engadine et la Valteline. A l'est du col Bernina, elle contoure les vals Livigno et Vallaccia, puis se dirige vers le nord, en traversant le pays de Bormio; elle rentre dans les Grisons, puis, du Piz Pisocco, elle tourne encore à l'est pour atteindre, non loin du col Scarla, la frontière tyrolienne. Là, elle reprend sa direction nord-est, et sert de confins au Tyrol et aux Grisons, sur une longueur de quatre lieues. En somme, la chaîne a suivi une direction générale de l'ouest à l'est.

Les sommets les plus remarquables de cette chaîne sont : le *Scopi*, 9,850, qui domine le Lukmanier ; le *Piz Kamadra*, qui domine les glaciers de Medels; le *Piz Rheinwaldhorn*, ou *Adula*, 10,280; le *Moschelhorn*, 9,410-9,610 ; au groupe du Bernina, le *Piz Bernina*, point culminant du canton, 12,475 ; le *Piz Rosso di Dentro*, 12,313 ; le *Piz Roseg*, 12,139 ; le *Piz Palù*, 12,044 ; le *Piz Mortels*, 10,645 ; le *Monte-Fora*, 10,385, etc. Tous ces pics sont à l'ouest du col Bernina ; à l'est, les hauteurs sont, en général, moindres ; il s'y trouve cependant le *Monte Minur*, 9,956 ; plus loin, le mont *Foscagno*, 9,540 ; le *Piz Pisocco*, 9,786, etc. — Les principaux cols par lesquels on franchit la chaîne, sont : le *Cassino del l'Uomo*, 6,720, à l'ouest de Santa-Maria ; le col proprement dit du *Lukmanier*, 5,650 à 5,948, et le col *Munterasca*, 7,000, entre le val Sumvix et le val Blegno ; le *Bernardin*, 6,390-6,584 ; le *Septimer*, 7,360 ; le *Bernina*, 7,185-7,380 ; le col *Scarla*, 7,150 ; — Les Alpes comprises entre le Simplon et le groupe de l'Adula portaient autrefois le nom de *Lépontiennes ;* de l'Adula jusqu'au milieu du Tyrol, elles s'appelaient *Alpes Rhétiennes*.

De la chaîne centrale se détachent, du côté du nord, trois ramifications importantes : La première est celle qui forme les confins des Grisons et des cantons d'Uri, de Glaris et de Saint-Gall. La seconde part du Piz Val Rhein et se bifurque au pic Tomils en deux bras ; la plus longue de ces bifurcations va se terminer au confluent du Rhin antérieur et du Rhin postérieur. Du Septimer part une troisième chaîne, qui court vers le nord-est, sur la rive gauche de l'Inn. Plusieurs courtes ramifications se rattachent à cette chaîne à côté du sud, et enferment un grand nombre de petites vallées, la plupart inhabitées, qui débouchent dans l'Engadine. Des ramifications plus longues se détachent du côté du nord, et enferment les vallées d'Oberhalbstein, de l'Albula, etc. Les montagnes comprises entre les vallées de Coire, Domleschg, Davos, et du Prættigau, forment un groupe presque isolé, qui se rattache cependant aussi à la chaîne septentrionale de l'Engadine.

On ne compte, dans les Grisons, pas moins de 225 glaciers. Les plus considérables atteignent une longueur de 2 à 3 lieues. Les groupes de glaciers les plus remarquables sont ceux qui entourent les pics du Bernina, de l'Adula, et du Tœdi; mais les plus grands glaciers du Tœdi descendent du côté de Glaris. Les beaux fleuves de glace du Bernina peuvent être comparés aux plus vastes glaciers du Vallais et de Berne.

Vallées et Rivières. — Nous nommerons d'abord la vallée du Rhin antérieur, qui court de l'ouest à l'est, jusqu'à Coire, et de là tourne vers le nord. La partie supérieure au-dessus de Reichenau porte le nom d'Oberland ou Pays d'En-Haut. Le *Rhin antérieur* est formé par plusieurs torrents; la principale source sort du lac de Tomasee, au pied de la Cima del Baduz; deux autres bras viennent du col d'Oberalp et du val Cornæra; il ne reçoit sur la rive gauche que des cours d'eau de peu d'étendue; mais sur la rive droite il est grossi par un grand nombre d'affluents. Il reçoit près de Disentis le *Rhin du milieu*, qui arrose la vallée de Medels (ou du Milieu), et dont les sources sont fournies par le lac Dim et d'autres petits lacs du val *Cadelin*. Plus loin, il est grossi par le *Rhin de Sumvix*, qui descend de la vallée de ce nom; par le *Glenner*, qui arrose le val Lugnetz; par la *Rabiosa*, qui sort du val Safien. A Reichenau, il est plus que doublé par sa jonction avec le *Rhin postérieur*. Il reçoit lui-même plusieurs torrents considérables : au-dessus d'Andeer, le torrent ou *Rhin d'Avers*, qui descend de la sauvage vallée de ce nom; puis, à Tusis, le *Landwasser*, qui apporte les eaux de la vallée de Davos. Près de Coire, le Rhin reçoit la *Plessur*, qui descend des profonds ravins de la vallée de Schalfick, et que grossit la *Rabiosa*, qui descend de Churwalden. Enfin, près de Malans, la *Landquart* lui mène les eaux de la grande vallée du Prættigau.

Toutes ces eaux sont emportées par le Rhin dans la mer du Nord; mais les Grisons envoient aussi leur tribut à la mer Noire par la Rivière de l'Inn (*Oen* en romanche), qui arrose l'Engadine, et dont la source est près du col Maloja, au sud du Septimer. L'Inn traverse dans la Haute-Engadine plusieurs petits lacs, entre lesquels il porte le nom de *Sala*, ou *Sela*; il sort du territoire grison au défilé Martinsbruck. Il reçoit un grand nombre de torrents, dont le volume d'eau est assez considérable. A sa jonction avec le Danube, à 80 lieues de la Suisse, l'Inn est plus large que ce fleuve; néanmoins, c'est ce dernier qui conserve son nom. Enfin, quatre petites rivières s'écoulent vers l'Italie; se sont la *Mœsa*, qui descend du Bernardin et arrose le val Misocco; la *Maira*, qui descend du Majola, et se jette dans le lac de Côme; le *Poschiavino*, dont la source est au Weiss-See ou Lago Bianco, sur le Bernina. Les eaux de ces trois rivières vont se perdre dans le Pô, avec lequel le Tessin et l'Adda confondent leurs eaux. Quant au *Ram* ou *Rham*, qui a sa source aux glaciers du Piz Pisocco, il va se réunir à l'Adige près de Glurns.

Lacs et Cascades. — Les Grisons ne possèdent aucun lac de quelque importance, mais beaucoup de petits lacs de montagne. Les principaux sont le lac de *Sils*, dans la Haute-Engadine, traversé par l'Inn, qui, un peu plus bas, forme trois autres lacs moins considérables. Après le lac de Sils, le plus étendu est celui de *Poschiavo*, long de trois quarts de lieue, sur demi-lieue de largeur, et renommé pour ses excellents poissons. Sur le Bernina se trouvent quatre petits lacs, dont le plus grand est le *Lago Bianco*. Il y a aussi de petits lacs sur chacun des cols de la Scaletta et de la Flüela:

On voit dans les Grisons d'assez nombreuses cascades, dont plusieurs sont très-belles, quoiqu'elles n'aient pas la même réputation que celles de l'Oberland bernois. Les plus remarquables sont les chutes du Rhin dans la gorge des Rofflen, que quelques personnes comparent à la célèbre chute de la Handeck. Le Rhin d'Avers fait aussi deux chutes avant de se joindre au Rhin postérieur, au-dessous de la même gorge. Le Rhin du milieu en fait également une au moment de se réunir au Rhin antérieur. Au nord-ouest de Trons, vers le haut d'un vallon sauvage qui aboutit près du Piz Rosein, on trouve la grande cascade de *Ferræra*. On voit plusieurs belles cascades au fond de la vallée de Vals, ainsi que près des villages de Saint-Peter et de Vrin. Peu après sa sortie des lacs du Weissenstein, l'Albula forme une chute remarquable; l'Inn, à sa sortie du lac de Saint-Moritz, se précipite dans un profond entonnoir qu'on nomme *Chiarnadüras*.

Le canton est particulièrement riche en sources minérales ; on en compte dans plus de 50 localités. Bien que sur les frontières du pays, à Pfæffers et à Bormio, l'on trouve des sources chaudes, il n'en jaillit aucune semblable sur le territoire grison ; mais le canton possède un grand nombre de sources acidulées d'une grande efficacité. Citons Tarasp dans la Basse-Engadine, dont la contrée, agréable et salubre, est bien propre à devenir un lieu central de cures pour les malades de toute catégorie. On va *boire les eaux* dans les établissements de Fideris, de St-Moritz et du St-Bernardin.

Histoire naturelle.— Un pays, dont une partie est occupée par des régions désertes ou par de vastes forêts, doit être encore habité par un grand nombre de bêtes sauvages. On trouve, en effet, dans les Grisons l'ours noir et l'ours gris, le lynx, le loup, et plus rarement le chat sauvage, ainsi que la loutre au bord des rivières. La race du bouquetin a habité jusqu'au milieu du 17e siècle sur les hauteurs de l'Adula, du Septimer et du Bernina. Le chamois est encore nombreux sur toutes les hautes montagnes du pays. Sur celles qui avoisinent le Tyrol, on aperçoit quelquefois des cerfs et des chevreuils. Quant à la marmotte et au lièvre blanc, ils habitent au-dessus de la région des forêts. — Les rivières, les torrents et les lacs sont très-poissonneux, mais ne contiennent qu'un petit nombre d'espèces. Les poissons que l'on trouve en plus grande quantité sont les espèces de truite; une des espèces (*salmo lacustris*), remonte, au printemps, du lac de Constance dans les eaux du Rhin et de la Landquart. On trouve l'*ombre* dans les eaux de l'Inn, près de Fettan et de Lavin. — L'entomologiste, qui se propose de parcourir le canton, peut se promettre une abondante récolte.

Une grande variété de plantes croît sur les montagnes et dans les vallées des Grisons: Les arbres à larges feuilles sont peu nombreux dans le pays; le hêtre n'est abondant que dans le Prættigau. Les arbres qui dominent dans les Grisons, sont le pin, le sapin, le mélèze, et l'arole, qu'on nomme aussi *pin alvier* ou cimbre (*pinus cimbra*). Les cimbres et les mélèzes sont les arbres qui montent le plus haut; on les trouve, en quelques endroits, jusqu'à la hauteur de 7,000 pieds. L'aune vert (*Alpenerle*) revêt quelquefois à lui seul des pentes entières, et parvient à peu près à la même hauteur. — On cultive beaucoup d'arbres fruitiers, surtout les pommiers et poiriers, dans les vallées basses ou bien exposées. Les noyers sont communs dans les vallées italiennes, jusqu'à 2,500 à 2,800 pieds; on les trouve aussi dans la vallée du Rhin, de Tusis à Mayenfeld, et même le long de l'Albula, à la hauteur de 3,500 pieds. Le châtaignier et le mûrier croissent dans les vallées italiennes; La vigne croît dans la vallée Mayenfeld et dans le bas des vallées de Misocco et de Poschiavo. Le figuier croît naturellement au bas des vals Bregaglia et Misocco.

Une grande partie du canton est comprise dans la formation primitive. On trouve du gneiss dans les montagnes des vallées de Tavetsch, de Medels, et dans le Haut-Prættigau. Du Saint-Gothard au val Medels, le granit accompagne le gneiss. Sur le Bernina et sur les montagnes de Bergaglia, il est mêlé de feldspath bleu et blanc. Mais la roche primitive la plus abondante est le schiste micacé, mélangé de quartz et de talc. Le schiste argileux forme une grande partie du revers septentrional de la vallée du Rhin antérieur, du Tœdi au Galanda. La chaîne du Tœdi renferme aussi du calcaire et du schiste calcaire. La chaîne du Rhæticon est composée de calcaire et de schiste; sur la Scesaplana, de même que sur le Galanda, gisent des coraux et des coquillages pétrifiés. Le calcaire se présente en divers lieux sous la forme d'un beau marbre blanc, surtout dans le val Ferrara et sur le Splügen; on trouve en outre du marbre noir à Schams, et sur le Bernina des marbres blancs, rouges, ou veinés de bleu, et susceptibles d'un beau poli. On trouve, sur plusieurs points, de la craie, de l'albâtre, et diverses espèces de cristaux plus ou moins rares, des grenats, des tourmalines, des pyrites sulfureuses, etc.

Peu de pays sont aussi riches en métaux divers que les Grisons; mais il n'y existe néanmoins aucune exploitation importante. On a récolté sur la pente sud du Galanda de beaux minerais d'or; le produit a été employé, en 1813. à frapper quelques centaines de doublons. D'après une tradition, il y avait autrefois au-dessus de Parpan, et au-dessus de Conters, de petits ruisseaux qui entraînaient d'abondants débris d'or. Le Rhin postérieur charriait autrefois des paillettes d'or; on avait établi un lavoir dans la vallée de Schams. On a exploité aussi des mines d'argent sur le Bernina, sur le Buffalora, au dessus de Davos, de Parpan, etc; mais elles étaient toutes mélangées de plomb et de cuivre, et peu productives. On a remarqué en beaucoup d'endroits des traces de fer, en particulier du fer aimanté près de Trons.

Les éboulements et les chutes de montagnes sont fréquents, surtout dans la vallée de Schalfick et dans une partie du Haut-Prættigau, où les schistes se trouvent dans un état de décomposition qui fait donner à ces montagnes le nom de Monts pourris (*faule Berge*). La chute la plus désastreuse est celle qui, le 4 septembre 1618, détruisit le bourg de Plurs, voisin de Chiavenne, et coûta la vie à 2,430 individus. — Le pays des Grisons est sujet à de fréquents tremblements de terre. Ce sont particulièrement les environs de Coire et la Basse-Engadine qui ont éprouvé le plus grand nombre de secousses.

ANTIQUITÉS. — Le pays qui forme aujourd'hui le canton des Grisons, portait du temps des Romains le nom de Rhétie. On fait remonter le nom des Rhétiens à une nombreuse migration de Tyrrhéniens ou Etrusques. Cette migration, d'après Pline, doit avoir été conduite par un chef nommé Rhætus. On attribue à ces colonies l'origine d'un grand nombre de noms qu'on retrouve encore dans la Rhétie. Les ressemblances sont frappantes, et donnent beaucoup de poids à la conjecture qui vient d'être indiquée touchant la fondation de ces localités. Toutefois, on n'a trouvé dans le pays aucun monument antérieur à la domination romaine. On a supposé, mais sans pouvoir nullement le prouver, que le *Lukmanier* doit son nom aux *Lucumones* ou princes étrusques; que le *Julier* doit le sien à la divinité celtique *Joul*, soleil, ou dieu du soleil. Les deux colonnes de granit qui existent sur le sommet du Julier, ne portent aucune inscription qui puisse établir leur haute antiquité.

On ne trouve en Rhétie que très-peu de constructions d'origine romaine ; on n'y rencontre non plus aucune inscription qui remonte à cette époque. Le seul monument portant dans sa construction le caractère romain, est la tour *Marsœl* ou *Marsoila*, située du côté septentrional du palais épiscopal de Coire. A l'angle nord-ouest de la cour épiscopale s'élève une autre tour, qui est maintenant une propriété particulière, et qu'on nomme *Spinœl* ou *Spinoila*. Il y avait autrefois dans la ville et à Saint-Salvador des restes de construction qu'on attribuait aux Romains. On voit aussi les ruines d'un ancien château près de Lavin, dans la Basse-Engadine. On fait remonter au temps de Vitellius ces ouvrages, qui portent tous deux le nom de Serviezel (*Terra Vitellii*). La situation de Tiefenkasten et de la Basse-Engadine rend vraisemblable qu'on y avait établi, en effet, des stations ou des retranchements. Il est certain que les Romains ont établi des routes militaires à travers la Rhétie. On a trouvé en divers lieux des monnaies, des armes, des ustensiles, dont l'origine romaine est authentique.

Parmi les antiquités du moyen-âge figurent aussi des monnaies et des armes diverses. Mais les monuments les plus remarquables du moyen-âge sont les nombreuses ruines de châteaux qu'on voit encore dans toutes les parties de la contrée. La tradition fait remonter l'origine de quelques-uns de ces châteaux à l'époque de la domination romaine, ou même aux temps antérieurs. Quelques-uns de ces châteaux n'étaient que des demeures seigneuriales ;

d'autres étaient destinés à protéger le commerce et les voyageurs; mais trop souvent aussi, ces manoirs étaient de véritables repaires habités par des brigands et par les oppresseurs du pays. La plupart des familles qui les ont habités jadis sont éteintes, ou sont rentrées dans la foule du peuple. Au nombre des antiquités du moyen-âge, on peut compter encore quelques églises, dont la plus remarquable est la cathédrale de Coire, qui remonte au 8e siècle; enfin, quelques tombeaux d'évêques, renfermés soit dans cette cathédrale, soit dans des couvents.

Histoire. — La *Rhétie* paraît avoir été, dans l'origine, habitée par des peuples de race celtique, et l'on prétend avoir retrouvé la trace du langage celtique dans les noms des principales rivières, et dans ceux de beaucoup de montagnes et de localités. Quelle qu'ait été leur origine, les Rhétiens, au moment où ils paraissent dans l'histoire, étaient une nation puissante et belliqueuse, partagée en plusieurs peuplades portant des noms distincts. Ils avaient étendu leur territoire bien au-delà de leurs limites actuelles : à l'est, jusqu'aux alpes Carnioles; au sud, jusqu'au lac de Garde et jusque près de Côme. Du côté du nord, ils s'étendaient jusqu'aux lacs de Zurich et de Constance. Quant aux Vindéliciens, qui sont si fréquemment nommés simultanément avec les Rhétiens, ils habitaient au nord du lac de Constance, sur les bords du Lech, et jusqu'au confluent du Danube et de l'Inn. Ce fut sous Auguste que leur territoire fut conquis par les armees romaines. L'an 739 (15 avant J.-C.), cet empereur envoya Tibère contre les Vindéliciens, et Drusus contre les Rhétiens. Le nom de *val Druschauna* (*vallis Drusiana*) que porte encore le Montafaun dans le Tyrol, ainsi que le *Drusus-Thor* ou col de Drusus, rappellent quel fut le conquérant de la Rhétie. Ce pays devint une province romaine, sous le nom de *Rhœtia prima*, et la Vindélicie en forma une sous celui de *Rhœtia secunda*.

Les quatre siècles de la domination de Rome introduisirent dans la Rhétie la civilisation, ainsi que l'usage de la langue romaine; les dialectes qui se parlent encore aujourd'hui dans le pays (le *romanche* et le *ladin*), portent des indices évidents de leur parenté avec cette langue. On profita de l'ardeur belliqueuse des Rhétiens pour les enrôler, et leurs cohortes servirent avec gloire en Asie et en Egypte. D'après les légendes, la foi chrétienne aurait éte importée dans le 2e siècle en Rhétie; on cite comme le premier apôtre de ce pays saint *Lucius Confessor*, qui y aurait subi le martyre avec sa sœur Emerita. Des légendes confuses parlent aussi de saint Fridolin, de saint Fidelis, de saint Valentin et de saint Gaudenz; Il est fait mention d'un évêché qui aurait été à Coire dès le 4e siècle; cependant, on s'accorde généralement à citer comme ayant été le premier évêque de Coire, saint Asimo, qui vivait vers l'an 450.

A l'époque de l'invasion des Barbares, la Rhétie fut envahie particulièrement par les Allémani, puis par les Ostrogoths sous le roi Théodoric; après la mort de ce dernier, la Haute-Rhétie tomba au pouvoir de Théodebert, et elle resta trois siècles sous cette domination. Vers l'an 614, l'ermite Sigisbert, élève de Colomban, fonda, au milieu d'une contrée inculte, la cellule *Desertina*, qui devint, par la suite, l'abbaye de *Disentis*. Cette abbaye contribua à répandre le christianisme et l'agriculture parmi les habitants. Pendant la même période, plusieurs nobles familles, de race allémanique ou franque, bâtirent des châteaux forts. Sous les faibles successeurs de Charlemagne, le pouvoir anarchique des seigneurs s'accrut encore, et il n'y eut plus de droit dans le pays que celui du plus fort. Par le traité de 843, la Rhétie échut au roi Louis-le-Germanique. En 888, après la déposition de Charles-le-Gros, la Rhétie fut réunie à l'Allemagne, mais tout en restant sous la protection de ses comtes. Cependant plusieurs petits districts obtinrent ou réussirent à conserver quelques privilèges; il est fait mention des hommes libres de Bregaglia, de Lax, de Davos, de Flims, etc.; il arriva des colonies d'Allemands qui formèrent aussi des communes libres, telles que celles de Rheinwald, d'Avers, de Vals, etc.

Après l'extinction de la dynastie souabe des Hohenstaufen, la Rhétie devint un membre immédiat de l'empire. Vers ce temps, les barons de Vatz étaient en paix avec les évêques; mais, vers 1321, le Baron Donat, déclara la guerre à l'évêque, qui avait envoyé des secours à Léopold d'Autriche, lorsqu'il attaqua les Confédérés.

Dans le cours du 14ᵉ siècle, plusieurs alliances partielles préparèrent la fédération de toutes les contrées de la Rhétie. En 1390, les barons de Sax conclurent, avec l'abbé de Disentis, une alliance qui fut appelée *parti* ou *ligue supérieure*. Mais ce fut en mars 1424 que fut réellement fondée la *Ligue grise* ou *supérieure;* cet évènement important s'accomplit près de Trons, sous un érable dont le tronc porte encore quelques branches garnies de feuillage. L'abbé de Disentis, les seigneurs de Rhæzüns, de Sax, de Werdenberg, et les chefs du peuple, jurèrent une alliance éternelle. La commune de Disentis, la ville d'Ilanz, et les hommes libres de Rheinwald et de Lax, étaient aussi représentés dans cette conférence. — La *Ligue des Dix Juridictions* fut fondée le 8 juin 1436. — Quant à la *Ligue Caddée* ou de la *Maison-Dieu* (*Casa Dei*), on fixe ordinairement comme date de sa fondation l'année 1396. Elle comprenait, comme son nom l'indique, les principales propriétés et les sujets de l'évêché.

Les trois ligues formèrent ensuite entre elles une alliance qui remonte à l'an 1451 ; mais ce ne fut qu'en 1471 qu'elle prit une consistance plus précise et plus formelle. La Ligue grise donna son nom à l'alliance générale (*Graubündner*, Grisons, veut dire *Ligués gris*).

La Réforme trouva un aussi facile accueil dans

les Grisons que dans d'autres parties de la Suisse. Sa cause fut soutenue particulièrement par Salzmann, ami de Zwingli et de Vadianus, et par Comander, qui fut le premier antistès de Coire depuis 1524. Leurs efforts furent appuyés et continués par Bürkli, Campell, etc. Le 7 janvier 1526 eut lieu à Ilanz une conférence religieuse, dans laquelle l'avantage resta du côté de Comander; aussi, quelques mois après, la Diète de Davos décréta-t-elle une liberté générale de religion. Les Diètes de 1544 et 1552 admirent en principe que, dans chaque commune, la majorité devait décider du maintien ou de l'abolition de la messe.

La suite du siècle fut marquée dans l'histoire des Grisons par de longues dissensions intestines, causées surtout par la possession des pays sujets, et par les alliances contractées avec diverses puissances étrangères, Milan, Venise, la France, l'Espagne et l'Autriche. Cependant, Rome faisait tous ses efforts pour combattre la Réforme dans la Valteline. Une bulle papale donna à Jean Planta, seigneur de Rhæzüns, pleins pouvoirs pour disposer de toutes les places ecclésiastiques occupées par des protestants dans la Valteline et même dans les Grisons. Planta fut exécuté à Coire en 1572. Fatiguées enfin d'une telle anarchie, les trois Ligues votèrent, en 1574, une loi qui réglait la procédure à suivre contre ceux qui attenteraient à la liberté du pays.

Pendant la guerre de Trente Ans, les Grisons devinrent le théâtre des plus horribles scènes. Mais, en avril 1622, le peuple des juridictions de Castels, de Schiers et de Klosters, saisissant les armes que leur fournissait le désespoir, attaqua intrépidement l'ennemi à coups de bâton et de massue, et le força à une retraite honteuse. L'indépendance du pays fut ainsi sauvée; Salis peut être appelé le second fondateur de la république rhétienne. Le peuple se fia trop tôt à une tranquillité trompeuse; l'ennemi revint avec des forces supérieures, et le peuple gémit de nouveau sous le joug le plus pesant.

Les Grisons allaient être obligés de consentir à la perte de leur existence politique, lorsqu'ils furent sauvés par le cardinal Richelieu. Une armée française pénétra dans les Grisons en même temps qu'un corps de Confédérés et une troupe de 1,100 émigrés, et les Autrichiens furent expulsés. Les victoires de Gustave-Adolphe et les armements de la France et des Confédérés, déterminèrent l'empereur à faire la paix avec les Ligues, le 19 juin 1631. Une armée française marcha sur la Valteline et battit sur tous les points les Espagnols et les Autrichiens; toutefois, Rohan reçut la défense de restituer aux Grisons les anciennes provinces.

Au commencement du 18e siècle, la guerre de la succession ayant mis aux prises l'Autriche et la France dans les plaines de Lombardie, ces deux Etats recherchèrent l'alliance des Grisons. La lutte des partis fut très-vive. La guerre civile ne fut prévenue que par l'intervention d'une ambassade suisse.

Dès que la révolution eut fait prévaloir en France les principes de liberté, la Valteline mit tout son espoir dans l'intervention de cet Etat. En même temps, elle entama des négociations avec le Gouvernement de Milan. Quand la Lombardie fut occupée par les Français, la Valteline planta des arbres de liberté, et déclara refuser toute obéissance aux trois Ligues.

La paix de Lunéville, en février 1801, rendit au peuple grison la faculté de se constituer comme il l'entendrait.

Durant les années suivantes, la tranquillité régna dans le pays ; mais, à la suite des guerres et des dissensions, sa prospérité était détruite, et le nouveau canton eut à fournir, comme les autres, un certain nombre d'hommes pour les régiments que la Suisse devait à la France.

Dès les premiers jours de 1814, le grand Conseil déclara la Constitution abolie et remplacée par celle qui était en vigueur avant 1798.

Depuis 1814, le canton a joui d'une paix non interrompue.

Constitution. — D'après la Constitution de 1820, le canton des Grisons a conservé sa division en trois *Ligues;* celles-ci se divisent en 26 hautes juridictions et justices (*Hochgerichte* et *Gerichte*), lesquelles constituent autant de petites républiques.

Les autorités cantonales sont : Un *Grand Conseil*, composé de 70 membres, qui restent au moins une année en place et peuvent être réélus. — Une

Commission d'Etat, composée de 9 membres, nommés par le Grand Conseil, pour discuter préalablement les objets qui doivent lui être soumis. Un *Petit Conseil*, composé de trois membres, pris dans chaque Ligue, qui gère les affaires journalières du gouvernement.

Cultes et Population. — La population totale du canton est de 95,000 habitants.

Dans la Ligue grise, les catholiques dominent. Dans la Ligue de la Maison-Dieu, c'est le culte réformé qui domine; il y a aussi près d'un millier de catholiques à Coire. Les protestants habitent l'Engadine, le val Bregaglia, la vallée d'Avers et celle de Coire. Quant à la Ligue des Dix Juridictions, elle est en grande majorité protestante.

Instruction publique. — Les écoles étaient autrefois sous la seule surveillance des autorités locales. Deux sociétés scolaires, l'une évangélique, et l'autre catholique, avaient réussi à introduire diverses réformes, lorsque, en 1838, le Grand Conseil institua un Conseil d'éducation cantonal, chargé de diriger les écoles élémentaires des deux confessions. Dès-lors, on a introduit plus d'ordre et d'ensemble dans l'organisation des écoles, quoiqu'il y ait eu de grandes difficultés à vaincre par suite de l'indépendance des communes.

Depuis 1851, les deux gymnases spéciaux, protestant et catholique, ont été remplacés par un gymnase cantonal unique, institué à Coire. Il existe, en outre, un séminaire de régents réformés.

Langages. — Sur 100 habitants des Grisons, 38 ont pour langue maternelle l'allemand, 13 l'italien, et 49 le *roman* ou *romanche*.

La population italienne habite les vallées de Misocco, de Calanca, de Bregaglia et de Poschiavo; les Allemands habitent les vallées de Vals, de Safien, de Rheinwald, d'Avers, de Davos, de Prættigau et de Coire. Aux Romanches appartient le reste du canton, c'est-à-dire la partie la plus occidentale, comprenant les vallées de Medels, de Sumvix, de Lugnetz, et l'Oberland au-dessus d'Ilanz, et en outre celles de Schams, d'Oberhalbstein, de l'Albula, l'Engadine et le Münsterthal.

Nous avons déjà dit quelques mots au sujet de la langue romanche. Cette langue est très-harmonieuse; elle se divise en deux dialectes principaux : le romanche de l'Oberland, et le romanche de l'Engadine, qu'on appelle aussi le *ladin*.

Commerce, Industrie, Agriculture. — On trouve dans le canton très-peu d'industries proprement dites; les gros métiers ne sont exercés que par des étrangers. La population du pays se voue presque exclusivement à l'élève du bétail et à l'économie alpestre, ainsi qu'à l'agriculture. On fabrique dans la Haute-Engadine plus de fromages gras que dans toute autre contrée du canton; ces fromages deviennent mous et d'un goût approchant du gruyère; ils sont très-estimés, et l'on en exporte beaucoup, surtout en Italie.

Quelques communes de l'Oberland, du Prættigau

et du Rheinwald élèvent des chevaux; la meilleure race est celle du Prættigau. Une bonne partie des pâturages des vallées de Misocco, de Bregaglia, de Poschiavo et de l'Engadine, sont loués en été à des bergers bergamasques, qui y amènent environ 45,000 moutons. Les Bergamasques emploient le lait de brebis à faire des fromages gras, mais ils le mêlent avec du lait de vache et de chèvre; leurs fromages valent à peu près le double des fromages gras de l'Engadine.

Quant à l'agriculture, elle n'a pas reçu toute l'extension ni tous les perfectionnements désirables. Une grande partie des terres du canton sont en pâturages ou en prés, mais les soins que demande cette culture ne sont pas partout bien entendus. L'irrigation est faite avec intelligence dans quelques vallées, telles que le Prættigau et la vallée du Rhin antérieur. — On ne récolte guère, dans le canton, que la moitié du blé nécessaire à sa consommation. La vigne croît dans la vallée de Misocco, de Cabiolo jusqu'à la frontière du Tessin ; elle est disposée en treille ou monte le long des arbres: On récolte, depuis un certain nombre d'années, une assez grande quantité de soie dans le Bas-Misocco. Les habitants du Prættigau élèvent, dans des enclos faits exprès, des escargots, que l'on vend ensuite aux Italiens.

Tandis que divers métiers sont exercés par des étrangers, que beaucoup de pâturages sont loués à des bergers bergamasques, un grand nombre d'habitants des vals Misocco, Calanca, Bregaglia et Poschiavo, de l'Engadine et du Munsterthal, émigrent très-jeunes et se rendent dans tous les pays de l'Europe, et même hors d'Europe. Quand, par leur activité et leur économie, ils ont amassé une petite fortune, la plupart cèdent leurs établissements à de jeunes compatriotes, et reviennent passer la fin de leurs jours dans leurs vallées.

MŒURS, COUTUMES, CARACTÈRE. — On doit s'attendre à ce qu'un pays qui présente des différences si tranchées sous tant de rapports, en offre aussi sous le rapport des mœurs et des coutumes. Mais on peut remarquer cependant quelques traits généraux. Les Grisons sont pour la plupart simples dans leurs mœurs, honnêtes, fidèles à leurs engagements. Les Grisons sont courageux et ne redoutent point la guerre. Ne payant point d'impôts, souverains dans leurs chaumières, législateurs dans leurs Landsgemeindes, ils aiment avec passion et leur patrie et leur Constitution.

Dans les vallées du Rhin et dans plusieurs vallées latérales, les habitations ne présentent aucun caractère particulier; elles sont la plupart en pierre et à deux étages. Dans le Prœttigau, l'on construit généralement des maisons en bois; un escalier extérieur conduit au premier étage, où sont placées les chambres d'habitation; le rez-de-chaussée est consacré aux divers usages économiques.

Des vases de fleurs, placés devant les fenêtres, donnent à l'ensemble un aspect agréable. Dans le val Misocco, l'on voit beaucoup d'habitations en pierre de très-chétive apparence, et qui font un triste contraste avec les jolies maisons de l'Engadine. Les plus élégantes de ces habitations appartiennent à des confiseurs enrichis; elles sont fraîchement recrépies en blanc ou en rose, et quelques-unes sont ornées de fresques, de colonnes et de grillages dorés.

Les costumes offrent moins de particularités dans les Grisons que dans d'autres contrées de la Suisse. Jusqu'à la fin du 18e siècle, il y avait eu en quelques localités, surtout pour les femmes, un costume national; mais il a complètement disparu; ainsi, les robes écarlates des femmes de la Basse-Engadine, les bas rouges et les souliers à hauts talons que portaient celles de Coire, tout cela a été abandonné pour un costume plus simple.

Hommes distingués. — Le canton des Grisons a donné naissance à un grand nombre d'hommes d'Etat, de militaires et d'écrivains remarquables. On cite déjà deux Salis (Adolphe et André) dans l'histoire du 10e siècle; plusieurs Planta (Jean, Pompée et Rodolphe) furent, au 16e et au 17e siècle, les chefs de la faction austro-espagnole. L'abbé Pierre de Pontaningen et les seigneurs de *Rhœzüns*, de *Sax* et de *Werdenberg* furent les fondateurs de la Ligue grise. Lors de la lutte courageuse qui eut pour résultat l'expulsion des Autrichiens en 1622, ils avaient pour chefs *Rodolphe* et

Ulysse de Salis, *Pierre Guler*, *J. Jeuch*, *G. Jenatsch*, etc.

Au nombre des réformateurs qui propagèrent, dans les Grisons, les doctrines de l'Evangile, se firent remarquer surtout *Salzmann*, ami de Zwingli et de Vadianus; *Comander*, premier antistès de Coire, et *Ulrich Campell*, né à Süss, dans la Basse-Engadine.

Parmi les savants auxquels le canton des Grisons a donné le jour, on peut nommer *Ulrich Campell*, le réformateur, qui fut en même temps le meilleur historien du pays.

Ulysse de Salis-Marschlins et *W. Rœder* sont auteurs de divers écrits relatifs à l'histoire des Grisons. *Martin Planta*, né en 1725 à Süss, fut un habile physicien et mathématicien. Le pasteur *Conradi* est le premier qui ait publié des ouvrages philologiques sur la langue romanche, grammaire, vocabulaires, etc.

Coire. — La ville de Coire, chef-lieu de la Ligue de la maison-Dieu et de tout le canton, est située dans une large vallée, sur les bords de la Plessur, qui va se jeter dans le Rhin, une demi-lieue plus bas. La ville comptait, en 1850, 6,000 habitants.

On appelle *Cour épiscopale* un quartier compris dans une enceinte distincte, et qui domine le reste de la ville; c'est là que se trouve réuni ce qu'il y a de plus intéressant à Coire. Telle est l'église épiscopale ou *Dôme de Saint-Lucius*, dont on attribue la fondation à l'évêque Tello, mort en

773, et dont une partie date, en effet, de cette époque. Près du portail, on voit les statues des quatre évangélistes debout sur des lions. Dans l'intérieur, on remarque des chapitaux très-curieux, les sculptures du maître-autel, attribuées à Holbein père; la *mensa* avec des colonnes qui doivent dater du 4e siècle; un beau tabernacle en pierre, du 14e siècle. On montre, dans la sacristie, d'anciens ostensoirs, une crosse épiscopale plus ancienne, une chasuble du 8e siècle. La cathédrale possède plusieurs tableaux de mérite. Elle renferme enfin plusieurs tombeaux remarquables d'évêques, de chanoines ou de seigneurs laïques, entre autres le beau sarcophage en marbre rouge de l'évêque Ortlieb Brandis. La cour épiscopale comprend aussi le palais de l'évêque et les deux tours anciennes que nous avons mentionnées.

Derrière le palais épiscopal, un chemin qui traverse une pente couverte de vignes conduit au couvent de Saint-Lucius, converti en séminaire, et d'où l'on a une vue pittoresque sur la ville, sur ses environs et les cimes neigeuses du Galanda. C'est là que se trouve aussi le bel édifice de l'Ecole cantonale, qui date de 1851. Dans la ville basse, on remarque l'église de Saint-Martin ou cathédrale protestante, l'hôtel du gouvernement, l'hôtel-de-ville, plusieurs maisons appartenant à des familles riches du canton. Les établissements publics qui s'y trouvent sont : une bibliothèque et un cabinet d'histoire naturelle formés par Rodolphe de Salis-

Marschlins, une autre bibliothèque appartenant à la ville, une maison des pauvres, une maison de correction, une société de lecture, etc. Grâce à sa position au débouché de plusieurs passages des Alpes, Coire est un entrepôt important de marchandises, et fait un commerce de transit assez considérable.

Les sommités qui entourent la ville présentent des points de vue remarquables. Au nord-est est situé le *Mittenberg*. On y domine toute la vallée du Rhin jusqu'à Disentis d'un côté, et de l'autre jusqu'à Mayenfeld et Jenins ; au sud-ouest de Coire s'élèvent les *Spontis-Kœpfe* (5,969); la cime la plus élevée, le *Faule-Horn* (Pic pourri), est d'un abord facile; outre le cours du Rhin, on y découvre les vallées de Schalfick, de Churwalden, de Domleschg, de Schams, et même, plus au sud, celle d'Oberhalbstein. Le Galanda, au nord de Coire, offre un panorama encore bien plus grandiose ; la vue s'étend du côté du nord sur les alpes de Glaris et de Saint-Gall, ainsi que sur le Rheinthal, jusqu'au lac de Constance. On y parvient en cinq ou six heures depuis Coire.

VALLÉE DE COIRE ET DE MAYENFELD. — La vallée qui s'étend deReichenau à Mayenfeld, sur une étendue de six à sept lieues, ne porte aucun nom particulier. Cette vallée est large et extrêmement fertile. Elle produit un des meilleurs vins de la Suisse orientale. Elle doit la douceur de son climat et sa fertilité particulièrement au fœhn, qui avance la maturité de toutes les plantes; mais il cause aussi de funestes changements de température. *Mayenfeld* est une petite ville où règne une aisance générale. On fait dériver son nom (champ de mai) des assemblées judiciaires qui ont dû s'y tenir du temps des rois carlovingiens. C'est à une demi-lieue au nord de Mayenfeld qu'est le défilé du Luziensteig, autrefois fortifié par des fossés et de longs murs; il a été fréquemment le théâtre de violents combats entre les Suisses et les Autrichiens, puis entre ceux-ci et les Français. La Confédération a fait exécuter, en 1830, comme à Saint-Maurice, quelques ouvrages modernes sur le flanc des montagnes qui dominent le défilé. Vers le haut du passage se trouve la petite église de Saint-Lucius, probablement la plus ancienne de la Rhétie. C'est non loin de Malans qu'est le pont appelé *Pont Péage inférieur* (Untere Zollbrücke) ou Pont Tardis. Il forme la limite des cantons de Saint-Gall et des Grisons. A peu de distance se trouve le Pont supérieur, jeté sur le torrent de la Landquart, qui descend du Prættigau et se jette dans le Rhin un peu au-dessus du Pont inférieur.

Plusieurs anciens manoirs donnent à toute la contrée un caractère romantique; tels sont ceux de Haldenstein et de Lichtenstein, au pied du Galanda. Le premier était la résidence des barons de Schauenstein; il fut détruit par un tremblement de terre, en 1787; le second est le berceau de la famille des princes de ce nom. A deux lieues à l'ouest de Coire, au confluent du Rhin antérieur et du Rhin postérieur, on voit le château de Reichenau, où l'on avait établi à la fin du siècle dernier, un institut d'éducation. C'est là que le duc de Chartres, le futur roi Louis-Philippe, arriva sous le nom de *Chabot*, en octobre 1793, et qu'il remplit pendant huit mois les fonctions de professeur de langue française et de mathématiques.

Au-dessous du confluent, un pont remarquable, d'une seule arche, est jeté sur le Rhin ; il a 60 pieds de hauteur et 237 de longueur.

Oberland, Ilanz, Trons, Disentis. — La vallée qui s'étend de Reichenau jusqu'aux sources du Rhin antérieur, porte le nom d'*Oberland* ou Haut-Pays (en romanche on l'appelle *Sur Selva*, Sur la Forêt). De Reichenau à Ilanz, on a le choix de deux routes; l'une et l'autre s'écartent du Rhin et s'élèvent sur les hauteurs. Sur la rive droite, la route passe par Bonaduz, Versam et Valendas; près de Versam elle traverse une région extrêmement sauvage, et franchit, sur un hardi pont de bois, long de près de 200 pieds, un ravin effrayant, de 232 pieds de profondeur, au bas duquel mugit la Rabiosa, qui descend de la vallée de Safien. La route principale monte d'abord à Tamins (*Dominium*), de l'église duquel la vue embrasse les deux vallées du Rhin; puis elle passe à Trins, village construit en amphithéâtre dans une gorge, et entouré d'une forêt d'arbres fruitiers; on y jouit aussi d'un beau panorama; les ruines voisines sont celles du château de Hohentreins, bâti, dit-on, par Pepin. La route se dirige ensuite vers Flims, en longeant le bord septentrional d'un large et fertile bassin qu'on appelle la *Foppa* (fovea) ou *Gruob*, fosse. A Mulins (Moulins), on voit à droite une série de cascades ; on voit aussi deux jolis petits lacs, près de Trins et de Flims. Ce dernier village tire, à ce qu'on suppose, son nom des nombreux ruisseaux qui descendent de roches escarpées (*ad flumina*). C'est là que commence le sentier difficile qui conduit dans le canton de Glaris par le passage du Segnès ou Tschingel ; on distingue aussi d'ici le Martinsloch. A gauche de la route, on aperçoit au travers des forêts, plusieurs petits lacs. Puis on se rapproche du Rhin par les villages de Lax, Sagens et Schleuis.

Ilanz (Glion en romanche), la première ville qu'on rencontre sur le Rhin lorsqu'on suit le fleuve depuis ses sources, occupe une situation agréable ; ce chef-lieu de la Ligue grise existait déjà au huitième siècle ; D'Ilanz à Trons, la vallée est remarquablement belle, surtout les pentes de la rive gauche ; partout des villages, des chapelles, des ruines de châteaux ; plus haut, on aperçoit des châlets, et sur le dernier plan quelques sommets neigeux. Plusieurs villages se trouvent comme étagés sur des plateaux ; le plus élevé est celui de Panix (4,200 pieds), d'où l'on passe le col de même nom (7,425), qui conduit dans le canton de Glaris (voyez ce canton). Au-dessus du village de Schlans s'ouvre, à droite, la vallée de Frisal, qu'arrose le Flumbach et où descendent plusieurs glaciers. Avant d'arriver à *Trons*, on voit à droite de la route, près d'une chapelle nommée Sainte-Anne, un antique érable, qui fut le berceau de la liberté grisonne, le Grutli de cette contrée. C'est là que, vers le milieu de mars 1524, l'abbé de Disentis, plusieurs seigneurs du pays et les chefs du peuple, se réunirent pour fonder la Ligue grise et prêter le serment d'alliance.

Les fresques, restaurées en 1836, représentent le serment des premiers confédérés et le renouvellement du serment en 1778. La première montre l'abbé de Disentis, le vieux comte de Sax et le seigneur de Rhæzüns, entourés d'hommes armés et levant les mains vers le ciel, tous avec le costume sévère de l'époque; la seconde frappe par le contraste du costume.

Au fond de la sauvage vallée de Pontæljas, qui s'ouvre au-dessus de Trons, l'on peut visiter la belle cascade de Ferrara, qui s'élance des glaciers du Tœdi.

Après le village de Sumvix, s'ouvre un autre ravin, où s'engage un sentier qui conduit, par les glaciers du Tœdi, vers la Sandalp, au canton de Glaris; mais le passage est très-difficile.

Le bourg de *Disentis* est célèbre par son abbaye de bénédictins, qui date du 7e siècle, et qui contribua beaucoup à répandre le christianisme dans les vallées de la Rhétie. Il doit son nom à une cellule, nommée *Desertina*, qui précéda la fondation de l'abbaye. Les abbés devinrent bientôt les plus puissants seigneurs de la vallée, et, en 1570, ils reçurent de l'empereur Maximilien le titre de princes de l'empire.

Le Landsturm s'étant levé, en mai 1799, pour repousser les Français, le général Lecourbe pénétra jusqu'à Disentis, ravagea le bourg et mit en cendres le couvent. Le couvent, rebâti dès-lors, a servi d'école cantonale catholique pendant dix ans, depuis 1832. En 1842, cette école fut transportée à Coire. Un nouvel incendie dévora le cloître en 1846; il est maintenant réédifié. L'église possède les tombeaux de saint Placide et de saint Colomban. Disentis est à 3,700 pieds.

Vallée de Medels (ou du Milieu). — Cette vallée débouche en face de Disentis. Elle est arrosée par le Rhin du milieu, qui forme deux belles cascades avant de se joindre au Rhin antérieur. De cette jonction vient le nom de *Conflons*, donné à la gorge étroite et profonde par laquelle le Rhin du milieu s'est ouvert un passage. La vallée s'élargit au-delà de cette gorge; elle se couvre de pâturages et de forêts; à l'est, se montre le beau glacier de Medels. Le chef-lieu de la vallée est le village de Platta, distant de deux lieues de Disentis. A une lieue et demie au-dessus de Platta s'ouvre, à gauche, le val de Cristallina, remarquable par ses grands glaciers et par ses belles cascades, dont la principale est celle qu'on nomme la *Bouche d'enfer*

(*Bocca Ilufiern*) ; on y trouve aussi de beaux cristaux ; c'est dans cette vallée qu'on a recueilli le cristal dont est formé le tombeau de saint Charles Borromée. Non loin du débouché du val Cristallina, le Rhin fait lui-même une chute de cent pieds. Le chemin passe près des petits hospices de Saint-Jean et de Saint-Gall, pourvus tous deux de cloches au moyen desquelles les voyageurs en détresse peuvent appeler à leur secours; enfin il arrive à l'hospice de Sainte-Marie (5,760 pieds), où l'on peut trouver un logement, mais qui ne consiste qu'en une chétive hôtellerie.

Au nord-est de l'hospice s'élève, au-dessus d'un massif couronné de glaciers, le *Scopi*, dont on atteint la cime (9,850 pieds) en quatre ou cinq heures depuis Sainte-Marie, et qui offre une des vues les plus étendues sur les Alpes, depuis le Mont-Blanc jusqu'au Gross-Glockner dans l'intérieur du Tyrol.

Lukmanier. — De Sainte-Marie un sentier conduit à Airolo, par le col dit Cassino del Uomo (6722) et par le val Piora ; un autre se dirige au sud par le plateau ou le col proprement dit du Lukmanier (5,800), et mène, par le val Zura, à Olivone, dans le val Blegno ; un troisième passage plus élevé conduit à Faïdo, en franchissant la chaîne latérale qui sépare le val Léventine des vals Zura et Blegno.

En face du village de Sumvix, situé entre Disentis et Trons, s'ouvre une vallée, arrosée par le Rhin de Sumvix, et longue de cinq lieues. A l'entrée est le village de Surrein, qui donne son nom à un établissement de bains et à une source minérale qu'on trouve une demi-lieue plus haut. La vallée est entourée de montagnes élevées, que surmontent les pics Miedsdi, Nædils, etc.

C'est probablement la chapelle de Saint-Antoni qui a fait donner à la vallée le nom de *Val Te ji.* Elle aboutit à un col nommé la Greina (6,120), par où l'on se rend commodément dans le val Blegno; le chemin est pittoresque et riche en points de vue.

VAL LUGNETZ. — Cette vallée débouche près d'Ilanz par une gorge assez étroite; on y pénètre par deux sentiers établis à une certaine élévation sur les deux rives du Glenner. La vallée se divise près du château de Surcasti, au-dessous duquel se réunissent le Rhin de Vrîn et le Rhin de Vals, pour former le Glenner, qui, aussitôt après la jonction, fait une belle chute.

Le village qui donne son nom à la vallée de Vrîn est situé à environ 3,500 pieds; on peut de là se rendre par deux sentiers dans le val Sumvix.

La vallée de Vals ou de Saint-Pierre est d'abord étroite et boisée. De loin en loin, au milieu des forêts, on rencontre des clairières avec de petits groupes d'habitations. Près de Saint-Pierre, jaillit une source tiède; l'on a construit, dans l'été de 1855, un bâtiment destiné aux baigneurs. La vallée est dominée par les hautes sommités du Dachberg (9,700), du Piz Tomils, du Piz Gurgielatsch (*Gurletschorn*), etc.

VAL SAFIEN. — Près du village de Versam s'ouvre la vallée de Safien, qui a une longueur de sept lieues. Dans sa partie inférieure, ses flancs sont très-escarpés ; ils sont revêtus de sombres forêts, où croissent des arbres d'une grosseur extraordinaire. Nous avons parlé d'un pont très-hardi jeté sur le profond ravin où coule la Rabiosa. Plus loin, la vallée s'élargit, et l'on rencontre un grand nombre d'habitations éparses. Les habitants descendent d'une colonie qui date de la dynastie des Hohenstaufen. Du font de la vallée deux sentiers mènent par le Lochlipass (7,920 pieds), et par le col Calendari (7,050), dans la vallée de Rheinwald.

VALLÉE DU RHIN POSTÉRIEUR. — La vallée que parcourt le Rhin postérieur prend divers noms. Cette vallée, dont la longueur est de 15 lieues, est beaucoup plus remarquable que celle du Rhin antérieur; elle est aussi beaucoup plus fréquentée, puisqu'il y passe une des principales routes qui font communiquer l'Allemagne et la Suisse avec l'Italie. La route qui remonte la vallée aboutit à deux passages, dont l'un, le Splugen, conduit en Lombardie par le pays de Chiavenne ; et l'autre, le Saint-Bernardin, mène en Piémont, par le val Misocco et le Tessin.

Il est évident que la ligne ferrée qui passe sous le Saint-Gothard rendra bientôt plus de services, à elle seule, aux Grisons, aux Tessinois et à l'Italie du nord que les routes ci-dessus mentionnées.

VALLÉE DE DOMLESCHG, TUSIS. — La vallée

Domleschg (ou *vallis Tomiliasca*) prend son nom du grand village de Tomils. Elle est une des plus larges du canton, et se distingue par sa fertilité, par l'agrément du paysage, et par les châteaux, la plupart en ruines, qui se succèdent de colline en colline; la rive gauche est bordée par le mont Heinzenberg (appelé en romanche *la Montagna*), qui présente de magnifiques plateaux, couverts de villages entourés de prairies et de cultures diverses. Sur la rive gauche, on trouve d'abord Rhæzüns, avec un beau château, situé sur un rocher baigné par le Rhin; on attribue sa fondation à Rhætus, chef étrusque.

Sur l'autre rive s'élèvent celles du château de Juvalta; puis, sur le haut d'un rocher saillant, le grand château d'Ortenstein, encore habité par les comtes de Travers; viennent ensuite les restes des manoirs de Paspels, d'Alt-Sins, de Neu-Sins, etc.

Non loin de Tusis, on voit Tagstein, château tout moderne de la famille de Salis; à l'extrémité de la vallée est le joli bourg de Tusis, qui fut détruit par un incendie en 1846. Il est maintenant rebâti avec de larges rues; il compte près de 1,000 habitants. Il s'y tient des foires importantes. Il possède des bains très-fréquentés près de la Nolla. Ce torrent se jette dans le Rhin au sud de Tusis; il a fallu élever de fortes digues pour se garantir de ses dévastations.

Via Mala. — Au-delà de Tusis, la vallée semble fermée par de hautes montagnes; ce n'est que lorsqu'on s'en approche qu'on découvre l'étroite ouverture que s'est frayée le Rhin, et au travers de laquelle on a construit la route. L'entrée de cette gorge effrayante est gardée, sur la rive droite, à une hauteur de près de 600 pieds au-dessus du fleuve, par les ruines du château de *Haute-Rhétie* ou *Hoch-Ryalt*, un des plus anciens manoirs de l'Helvétie; la tradition en fait aussi remonter l'origine à Rhætus. Sur la hauteur voisine, se trouvent les ruines de la chapelle Saint-Jean, la plus ancienne et longtemps la seule église de la vallée, qui n'embrassa que tard le christianisme. En 1470, on avait pratiqué, le long de la gorge, un chemin large de trois à quatre pieds seulement. On y pénètre maintenant par une galerie longue de 216 pieds, haute de 10 à 14, et large de 15 à 18. La Via Mala a une longueur d'une lieue; elle est ainsi nommée à cause des nombreux accidents que causaient autrefois les avalanches et les chutes de pierres; c'est la gorge la plus sauvage et la plus grandiose qu'il y ait dans toutes les Alpes généralement connues. On la compare quelquefois avec celle de Gondo, sur la descente du Simplon, et avec celle de Pfæffers. Un effort de la nature a fendu en deux, de la base au sommet, un rocher de 1,500 pieds; la fente par laquelle on passe n'a, en quelques places au-dessous de la route, que 30 à 40 pieds de largeur. Le Rhin, dont le lit n'a que la largeur d'un ruisseau, s'engouffre à une telle profondeur (200 à 400 pieds), que parfois on ne le voit ni ne l'entend. La gorge s'élargit près du hameau de Rongella. puis se resserre de nouveau, et l'on passe et repasse l'abîme sur deux ponts. C'est l'espace compris entre ces ponts qui offre le plus de sublimes horreurs.

VALLÉE DE SCHAMS. — Dès que l'on a passé un troisième pont, dont l'élévation n'a rien de remarquable, et qui fut construit à la place de celui qu'avait enlevé l'orage de 1834, on entre dans une vallée nouvelle, où l'œil peut se délasser de la vue des sauvages horreurs qu'il vient de traverser. Les jolies habitations et les vertes prairies de cette vallée, toute ouverte aux rayons du soleil, font une impression des plus agréables, au sortir des sombres précipices de la Via Mala. On arrive bientôt à Zillis, dont l'église fut donnée, en 940 à l'évêque de Coire par l'empereur Othon Ier. Sur une hauteur de la rive gauche, on voit encore, près de Donats, les ruines du château de Fardün, ancienne résidence des baillis des comtes de Werdenberg. — Près des bains de Pignol ou Pigneu, la route passe un pont moderne, sur le parapet duquel se lit une inscription latine dont voici le sens : *La route vient d'être ouverte aux amis et aux ennemis. Rhétiens, soyez sur vos gardes ! La simplicité des mœurs et l'union sauveront la liberté, héritage de vos aïeux.* Quand elle a dépassé le village d'Andeer (3,040), la route s'élève, par une série de contours, dans la belle gorge de *Roffla* ou des *Rofflen*, qui ferme, au sud, la vallée de Schams ; le Rhin y forme des chutes très-remarquables. Elle laisse sur la gauche l'ouverture de la vallée d'Avers, d'où descend un affluent considérable du Rhin. Elle sort de la gorge par la galerie de *Sasa Plana*, qui n'a que 16 à 18 pas de longueur, et qui donne entrée dans une nouvelle vallée.

Le Rheinwald, le Splugen, le Saint-Bernardin. — La vallée du Rheinwald s'étend sur une longueur de plus de six lieues, de la galerie de Sasa Plana aux glaciers de l'Adula et aux sources du Rhin. Le terre-plain de la vallée est à la hauteur de 4,500 à 4,900 pieds au-dessus de la mer, et il s'élève encore considérablement près des sources du fleuve.

Du village de Splügen, on a deux heures de montée pour atteindre le sommet du col de même nom, qui est à 6,500 pieds au-dessus de la mer, et à 2,000 au-dessus du village. Le passage n'offre pas une vue bien remarquable ; il est dominé d'environ 3,500 pieds par la cime du Schneehorn ou Tambohorn (9,846 ou 10,086), qui s'élève à l'ouest, et dont on aperçoit la pyramide neigeuse du dôme de Milan ; à l'est s'élève le Soretto. Il paraît que les Romains ont reconnu le passage du Splügen, mais il n'est praticable pour les voitures que depuis 1821. Du côté de Suisse, la route passe d'abord sous une galerie longue de 262 pieds, non loin du village de Splügen ; puis elle parvient sur la montagne au moyen de seize contours. Au-dessous du village d'Isola, elle passe non loin d'une cascade de 700 pieds, que forme le Madesimo. Plus bas, on trouve Campo-Dolcino, d'où il n'y a plus que deux lieues et demie jusqu'à Chiavenne, petite ville de 3,000 âmes, qui, sauf sa belle position, offre peu de chose de remarquable.

Une distance de deux lieues sépare le village de Splügen de celui de Hinterrhein ; la route passe à Ebi, où la Landsgemeinde de la vallée se rassemble le premier dimanche de mai. C'est de Hinterrhein (4,980 pieds) que la route du Bernardin s'élève par une longue série de zigzags pratiqués contre une pente escarpée; elle parvient ensuite, par un vallon étroit et désert, au sommet du col, haut de 6,584 pieds. Le passage était déjà connu des Romains ; il s'appelait *Vogelberg* ou *Mont de l'Oiseau*, au commencement du 15e siècle. Le nom actuel vient d'une chapelle qui fut érigée par saint Bernardin de Sienne, quand il prêcha dans la contrée.

Sources du Rhin postérieur. — Du village de Hinterrhein, il faut encore quatre heures de marche pour s'approcher des sources du Rhin. L'excursion ne peut se faire que depuis le milieu de l'été ou en automne, vu le danger des avalanches. A une lieue du village on commence à monter au milieu d'affreux débris de rochers ; puis, tantôt sur les cailloux roulés qui couvrent les bords du fleuve, tantôt sur des restes d'avalanches, on arrive au-dessous de l'alpe de Zaport ; on parvient par une montée rapide sur cette alpe, qui est située sur la rive gauche et exposée au sud ; on y trouve des bergers bergamasques. L'alpe aboutit à un ravin sauvage, bordé de précipices, et qu'on nomme l'*Enfer*. Sur l'autre rive est un petit plateau de rocher qui se tapisse, au mois d'août, de belles fleurs alpines, et auquel on donne le nom d'*Alpe du Paradis*. Un peu plus haut, se termine le vaste glacier de Rheinwald, d'où jaillit le Rhin; quelquefois le torrent sort d'une belle voûte de glace; il est immédiatement grossi par les eaux qui sortent de plusieurs crevasses du glacier.

Vallée de Ferræra et d'Avers. — Vers le bas de la gorge des Rofflen, dont nous avons parlé, débouche, du côté du sud, une autre gorge qui conduit dans une des vallées les plus sauvages qu'il y ait dans les Alpes. A peu de distance de l'ouverture, le torrent, qui bouillonne au milieu de gros blocs de granit, fait deux ou trois cascades remarquables. On rencontre d'abord le village de Bas-Ferræra, puis le hameau de Canicül ou Haut-Ferræra. Une gorge très-longue et très-étroite, mais qui abonde en sites variés et pittoresques, et qu'animent plusieurs belles cascades, conduit ensuite au hameau de Campsut. Plus loin, la vallée porte plus particulièrement le nom d'Avers. Après avoir franchi un nouveau défilé, on arrive au village de Cresta ou d'Avers, où commence un vallon revêtu des plus verdoyants pâturages. La vallée d'Avers est la contrée habitée la plus haute du canton, et probablement de toutes les Alpes. Cresta est à 6,300 pieds au-dessus de la mer. Des châlets de

Joff, les plus hauts de la vallée (6,730), deux autres sentiers conduisent, par des crêtes élevées, l'un par Valetta (8,110), à Bivio, dans le val Oberhalbstein, l'autre par le col de la Forcella (8,300), au col du Septimer. Le sommet de ces passages ne se dégarnit pas de neige en été, mais ils n'offrent aucune difficulté.

Vallée de l'Albula. — Un peu au-dessous de Tusis, le Rhin est grossi par les eaux de l'Albula, qui sort d'une longue gorge où elle était profondément encaissée. Non loin du confluent est Scharans, dont l'église renferme le tombeau d'Ulrich de Marmels. Le chemin entre ce village et celui d'Obervatz, le long de la sauvage gorge de l'Albula, prend le nom de Schyn ou de Mürraz. Obervatz est situé sur un coteau au milieu de belles prairies ; on y jouit d'une belle vue sur le mont Heinzenberg et ses nombreux villages; on voit dans les environs les ruines considérables du château des barons de Vatz, la plus puissante famille des Grisons au 12e et au 14e siècle. Au hameau de Vazerol se sépare, sur la droite, la route qui conduit par Tiefenkasten vers les monts Julier et Septimer. En continuant à remonter l'Albula, on rencontre les ruines imposantes du château de Belfort, situées sur un rocher presque inaccessible. Entre Filisur et Bergün, on passe dans un long défilé, où la route est taillée dans le roc sur un espace de 1,000 pieds de longueur. L'Albula mugit au fond d'un abîme de 4 à 600 pieds de profondeur. De Bergun, élevé déjà de

4,275 pieds, on monte encore considérablement pour atteindre l'hôtellerie du Weissenstein (6,249), située dans le voisinage de deux petits lacs qui donnent naissance à l'Albula. On trouve dans les Alpes peu de solitudes plus tristes et plus affreuses que celle qui passe entre le Weissenstein et le sommet de l'Albula (7,060 ou 7,238). Le passage est dominé par les deux aiguilles de l'Albula ; celle du sud est granitique, et celle du nord de calcaire primitif.

VAL OBERHALBSTEIN. — Retournons maintenant en arrière jusqu'à Vazerol, et suivons la route qui descend à Tiefenkasten, village profondément encaissé, comme son nom l'indique, et placé au confluent de l'Albula et d'un torrent nommé Rhin d'Oberhalbstein. Au-dessus de Tiefenkasten, la route monte le long d'une gorge remarquable, resserrée par un rocher perpendiculaire qu'on nomme *Stein* ou la Roche. De là vient le nom de la vallée, qui signifie *sur la roche*, de même que le nom romanche *sur seissa*. Au sortir de ce défilé, on arrive sur de belles prairies parsemées de villages et de hameaux. Trois lieues plus haut, la vallée se resserre encore, et, après une montée un peu raide au milieu des forêts, on parvient sur un nouveau plan. Il faut encore deux heures pour atteindre le sommet du Julier (6,830). La montée n'est point pénible, et c'est un des passages des Alpes qui sont le moins exposés aux avalanches et le plus vite débarrassés de neige. En revanche, la vue s'y trouve bornée de tous les côtés. Mais, à mesure qu'on descend vers l'Engadine, on aperçoit peu à peu des points de vue plus étendus et plus intéressants. Quant au chemin du Septimer, il a cessé d'être fréquenté par les voitures, à cause de l'escarpement du flanc méridional ; ce passage est cependant une des plus anciennes routes qu'on ait frayée dans les Alpes, et les empereurs romains et allemands l'ont franchi avec leurs armées. Les eaux qui découlent du Septimer vont se jeter dans trois mers différentes, car elles donnent naissance au Rhin d'Oberhalbstein, qui va grossir le Rhin, à l'Inn, affluent du Danube, et à la Maira, qui se réunit à l'Adda.

Vallée de Davos. — Si l'on remonte le Landwasser, qui grossit l'Albula près des bains d'Alveneu, on rencontre d'abord les villages de Wiesen (prairies) et de Glaris, séparés par un défilé que sillonnent, en hiver et au printemps, d'impétueuses avalanches. On arrive ensuite dans la vallée de Davos, dont le terre-plain, ainsi que les pentes des montagnes, sont en été tout émaillés de fleurs, ce qui donne à la contrée un aspect très-agréable. A son extrémité supérieure, la vallée communique avec celle du Prættigau par le col de Stütze ou de Laret. Elle communique avec Coire par le col de la Strela, (7,317) et la vallée de Schalfick ; le sentier est rapide, mais n'a rien de difficile. Du côté du sud s'ouvrent plusieurs vallons latéraux : ceux de Monstein et de Sertig, où l'on trouve des villages du même nom ; dans ce dernier l'on voit une belle cascade ; ceux de Dischma et de Fluëla, où passent les sentiers un peu rudes de la Scaletta et de la Fluëla, qui conduisent dans l'Engadine. On a, sur les deux pentes, à traverser d'immenses éboulements de rochers, pour parvenir au sommet de la Fluëla; le col, élevé de 7,400 pieds, est dominé par le Schwarzhorn (9,700), d'où descend un glacier. On y trouve une chétive maison de refuge, et dans le voisinage deux petits lacs, qu'on voit encore couverts de glace au cœur de l'été. Toute la contrée de Davos était jadis revêtue d'épaisses forêts qui recelaient un grand nombre d'animaux sauvages; aussi, la grande salle de l'Hôtel-de-Ville de Davos est-elle décorée d'une bordure de têtes d'ours et de loups.

Vallées de Churwalden et de Schalfick. — Ces deux vallées débouchent au-dessus de Coire. Celle de Churwalden se dirige vers le sud; une bonne route conduit, par les villages de Malix, Churwalden et Parpan, au col de Heide (4,775 pieds), d'où l'on redescend vers Lenz, et va rejoindre les routes de Davos, de l'Albula et du Julier. Du sommet, on a une belle vue sur la vallée et les montagnes d'Oberhalbstein. La Rabiosa, qui descend de cette vallée, se jette, au-dessus de Coire, dans la Plessur. Quant à celle-ci, elle descend de la vallée de Schalfick, la plus sauvage de toutes celles du canton. La rivière coule au fond d'immenses précipices; les eaux qui descendent des hauteurs ont creusé aussi contre les flancs de la vallée plusieurs profonds ravins qui séparent les divers villages;

ceux-ci ne communiquent entre eux que par des sentiers en zigzags, pratiqués à grand peine le long des précipices. Le village d'Erosa ou Arosa est à 5,824 pieds.

Vallée du Prættigau. — Non loin de Malans est le débouché de cette grande vallée, qu'arrose la Landquart. On y pénètre par un défilé étroit, appelé la Klus, qui était autrefois dominé par le château de Fragstein (Ferporta). Le Prættigau (Pratigovie, vallée des prés, val Pratenz en romanche), se distingue par ses excellents pâturages et par le beau bétail qu'il élève, en même temps que par ses sites tour à tour gracieux ou sauvages. Plus loin, l'on trouve les bains de Fideris et ceux de Serneus.

La vallée de Prættigau est entourée de hautes montagnes aux cimes déchirées et couvertes de glaciers. Elle se termine vers les grands glaciers de Selvretta, auxquels aboutissent les sauvages vallons de Veraina et Sardaska, où la Landquart prend ses sources. Elle est séparée du Vorarlberg par la chaîne du Rhætikon, que l'on passe par un grand nombre de passages, appelés *portes*, dont la plupart sont assez difficiles et deviennent toujours plus impraticables par les éboulements ou la marche des glaciers. La plus haute montagne du Rhætikon est la *Scesa Plana*, dont le sommet pyramidal est élevé de 9,207 pieds, et s'appelle aussi *Sennkopf* (Tête de Berger). Les principales vallées latérales qui débouchent dans celle du Prættigau, sont : celle de Seewis, qui est la patrie du poète Salis-Seewis;

celle de Schuders ou Druserthal, par où l'on gravit au col appelé Druserthor, Porte de Drusus (6,760), et à un autre qui porte le nom de Schweizerthor (Porte des Suisses); celle de Saint-Antoine, que ravagent de nombreuses avalanches et qui aboutit à plusieurs cols, ainsi qu'à une montagne nommée *Sulz-Fluh*, où se fait entendre un écho multiple très-remarquable.

Engadine. — Cette vallée, qui est longue de 18 à 19 lieues, forme deux juridictions, sous les noms de Haute et Basse-Engadine. La Haute-Engadine ne comprend que les sept lieues supérieures, et s'étend du Maloja jusqu'au pont appelé *Puntauta* ou *Pont-Alto*, entre Sinuscel et Cernetz. La Basse-Engadine s'étend de ce pont jusqu'à celui nommé *Pomartin* ou *Martinsbruck* (Martinsbrücke), qui confine au Tyrol. La hauteur de l'Engadine, sa végétation, ses eaux minérales, les magnifiques glaciers qui l'avoisinent, et les mœurs de ses habitants, font de cette vallée une des plus intéressantes de la Suisse. La partie supérieure de la Haute-Engadine est surtout remarquable. C'est près de Samaden que la vallée présente l'aspect le plus grandiose; on y aperçoit, du côté de Ponteresina, et au milieu de la plus fraîche verdure, deux grands glaciers d'une éclatante blancheur. Les villages les plus élevés de la vallée sont ceux de Sils, de Silvaplana et de St-Moritz, qui sont à 5,500-5,700 pieds. Samaden est à 5,360 ou 5,470. Le climat de la Haute-Engadine est très-rigoureux; il y fait, comme disent les habitants, neuf mois d'hiver et trois mois de froid. Le jour le plus chaud peut être suivi d'une brusque variation de température. L'air y est très-sec et très-pur; aussi y sèche-t-on la viande et le poisson en les suspendant à l'air, d'octobre à mai. Malgré la hauteur du sol de l'Engadine, on y voit croître des végétaux qui n'atteignent nulle part à cette élévation sur le versant nord des Alpes. Il ne croît peut-être en aucun pays autant et de si beaux cimbres; ils montent sur le flanc des montagnes jusqu'à 1,500 pieds au-dessus du terre-plain de l'Engadine, c'est-à-dire jusqu'à la hauteur absolue de 7,000 pieds. Mais ce qui est encore plus remarquable que la végétation, c'est qu'à une hauteur où l'on ne trouve guère ailleurs que de simples châlets, on rencontre ici de grands villages de la meilleure apparence, avec des maisons blanches, d'une propreté exquise, et même décorées de jolis balcons. C'est ce que l'on chercherait vainement dans aucune autre région d'Europe.

L'aspect de la Basse-Engadine est tout autre que celui de la partie supérieure de la vallée. Les pentes des montagnes se rapprochent presque partout du cours de l'Inn, et la rivière coule dans un lit si profondément encaissé, qu'on l'entend souvent sans la voir. La route, qui avait été en plaine dans la Haute-Engadine, devient ici très-montueuse; elle continue à suivre la rive gauche, sur laquelle sont situés la plupart des villages. Les pentes de la rive droite sont couvertes de forêts et habitées encore par un grand nombre d'ours; on n'y trouve qu'un petit nombre de lieux habités. Les parties les plus pittoresques de la Basse-Engadine sont les environs de Taraps et l'espace entre Cernetz et Puntauta.

La population de l'Engadine s'élève à 19,000 habitants, dont 2,000 dans la haute vallée; la Réforme a compté, dans la vallée, de nombreux martyrs au commencement du 17e siècle, à l'époque où l'Engadine, de même que Poschiavo, la Valteline, le val Bregaglia, furent persecutés par les Milanais pour qu'ils rentrassent dans le giron de l'Eglise romaine. La pauvreté est rare dans l'Engadine, et la mendicité inconnue. La Constitution de la vallée est démocratique, sur la base la plus large. Un vieux proverbe dit avec vérité qu'après Dieu et le soleil, le simple citoyen est, dans l'Engadine, le pouvoir suprême. Cependant, les anciennes familles nobles des Planta et des Salis y conservent encore une partie de l'influence qu'elles ont exercée depuis des siècles.

Les principaux endroits de la Haute-Engadine sont : Saint-Moritz, dont la source acidule, soit alcaline-gazeuse, attire une grande affluence de malades ; ses environs sont très-pittoresques; Samaden, que l'on peut appeller le Chamonix de l'Engadine; Camogask, vis-à-vis de Ponte, en face du débouché de la route de Julier; un peu plus loin sont les ruines du château de Guardaval, qui fut construit par l'évêque Volkard, en 1251, pour surveiller la vallée, et que détruisirent les paysans. Scanfs, un des villages les plus beaux et les plus peuplés de la vallée, non loin duquel on voit les traces d'un ancien camp ou retranchement, qu'on prétend faire remonter à Drusus. Dans la Basse-Engadine, nous mentionnerons : Cernetz, situé au milieu d'une contrée fertile et au débouché du val del Forno; Süss, près duquel on a trouvé, en 1572, des poignards, des flèches, et diverses armures et monaies romaines. Tarasp, avec un château remarquable encore bien conservé. Entre ce village et celui de Schuols, on trouve un établissement de bains et de bonnes auberges. Mentionnons enfin Remüss, dans une contrée riante et fertile, et près de l'ancien château de Chianüff.

De nombreux vallons latéraux débouchent dans la vallée de l'Engadine, sur les deux rives de la rivière. Plusieurs aboutissent à des pâturages ou à des glaciers; d'autres conduisent à des passages plus ou moins fréquentés, qui font communiquer l'Engadine avec les vallées environnantes.

Glaciers du Bernina et Vallée de Poschiavo. —Près de Samaden débouche le val Ponteresina , arrosé par le Flaty, qui sort des glaciers du Bernina. Dès qu'on a dépassé le village de Ponteresina, on voit s'ouvrir, à droite, le vallon latéral de Rosegg ou Roseggio, au fond duquel resplendit le vaste glacier de même nom, formé de la réunion de deux glaciers, ceux de Roseggio et de Mortels. L'ensemble de ces glaciers se trouve dominé par plusieurs importantes sommités: le Piz Mortiràsch, 12,309; le Piz Bernina, 12,475; le Piz Roseggio, 12,139, enfin le Capucchio ou Bonnet, 11,072. Quatre grands rochers noirâtres, qui se voient au milieu des neiges sur le flanc du Capucchio, lui donnent, *grosso modo*, l'apparence d'une figure humaine.

On met trois heures depuis le village de Ponteresina pour se rendre aux châlets d'Alpota, voisins du glacier de Roseggio. Environ une lieue au-dessus de Ponteresina débouche encore, à droite, un second vallon latéral, celui de Montaraccia ou de Mortiratsch, d'où descend un grand glacier formé de la jonction des glaciers de Mortiratsch et de Bernina.

Pour se diriger vers le col du Bernina, on laisse, sur la droite les deux vallons latéraux dont il vient d'être question. Près du sommet, on passe devant une modeste hôtellerie. Plus loin, l'on trouve quatre petits lacs dont la hauteur est d'environ 7,000 pieds. A droite, c'est-à-dire à l'ouest du col, on voit, contre la pente de la montagne, les glaciers de Diabolets, d'Arli et de Cambrena. En montant de Ponteresina au col, on a, sur la gauche, une sommité, le *Piz* nommée *Linguard* (Lanquard sur la carte Dufour), et haute de 10,053 pieds. Le panorama éblouissant qui s'offre aux regards s'étend, d'un côté, jusqu'au milieu du Tyrol, de l'autre, jusqu'aux grandes Alpes bernoises.

Du sommet du col du Bernina, deux chemins descendent à Poschiavo. L'un, un peu plus direct et plus rapide, passe à l'ouest des lacs, et traverse le val Cavaglia, au fond duquel descend le magnifique glacier de Palù, qui s'appuie au pic du même nom (12,011). L'autre passe plus à l'est, par le col nommé la Croce ou la Croix (7,185), par la gorge qu'on appelle *Camino* (cheminée), et par le village de Pischiadella.

Poschiavo (4,900) est un grand village ayant l'apparence d'une ville; il est dominé par les ruines du château Olgiati. Poschiavo avait, au 16e siècle, une imprimerie, qui publiait surtout des livres spirituels. La physionomie des habitants, leur langage et leurs mœurs, indiquent qu'ils sont de race italienne. Ils sont actifs et sobres; beaucoup d'entre eux vont travailler à l'étranger.

Le dernier village grison est Brusio, où l'on commence à voir les noyers, les châtaigniers et les vignes. Plus bas, est un défilé, qui était autrefois formé par un retranchement, et au sortir duquel on découvre les riches vignobles de la Valteline.

Vallée de Munsterthal. — Cette vallée tire son nom (*Mustair*) d'un monastère de femmes de l'ordre des bénédictines, dont la fondation est attribuée à Charlemagne. Elle communique par les cols de Buffalora et de Scarla avec la Basse-Engadine, et par celui de l'Umbrail, ou Braglio, avec le pays de Bormio; c'est par ce dernier que les habitants vont chercher à Bormio du vin, du riz, etc., et qu'ils portent en échange des fromages et du sel (*tyro-*

lien). Le haut de la vallée est riche en forêts et en mines.

Le sol de l'Umbrail, mentionné ci-dessus, débouche sur la route du *Stilfsjoch* (Stilvio), par laquelle on se rend du Tyrol dans la Valteline.

Cette belle route est préservée contre les avalanches par de nombreuses et longues galeries, construites en maçonnerie sur le versant italien, et en forts madriers sur le revers allemand. Pour visiter ce passage intéressant, on peut entrer au Tyrol par Martinsbruck ou par le Munsterthal, ou bien aller de Poschiavo à Tirano et à Bormio.

VAL BREGAGLIA.— Cette vallée, que les Romains nommaient *vallis Prægallia*, parce qu'elle précépait la Gaule Cisalpine, est située sur le versant sud-ouest du Majola, et arrosée par la Maira, qui s'écoule vers Chiavenne et le lac Majeur. La nature alpestre domine dans la partie supérieure; mais, plus bas, la vallée est revêtue d'une végétation méridionale.

Tandis que les hommes de cette vallée s'occupent du transport des marchandises ou du soin des troupeaux sur les hauteurs, ou vont gagner leur pain à l'étranger, leurs compagnes sont chargées de tous les travaux agricoles.

Le premier village que l'on rencontre en descendant du Majola, estCasaccia, qui est à 4,600 pieds; son église remonte à une haute antiquité. C'est là que débauche la route qui descend du Septimer. Avant d'arriver à Vico Soprano, l'on voit, sur la gaucne une chute imposante formée par l'Albigna, qui descend d'un glacier. Une lieue plus bas est le village de Promontogno, dominé par les ruines considérables du château de Castelmur, qu'on attribue aux Romains ou aux Lombards.

Au-dessous du château, deux fortes et hautes murailles s'abaissaient dans la vallée, qui était autrefois fermée réellement par une porte. Ce lieu, appelé encore *la Porta*, forme la limite des deux végétations. Au-dessus de Castelmur, les seuls arbres qu'on voit dans la vallée sont des cimbres et des mélèzes. Immédiatement au-dessous du rocher sur lequel est bâti le château, commencent à paraître les noyers et les châtaigniers. Plus bas commence la vigne, et les jardins sont garnis de figuiers. Du pont de Bondo l'on a une belle vue, d'un côté, sur Castelmur, de l'autre, sur le glacier de Bondasca, au fond d'un vallon latéral de même nom. Pendant trois mois, le village de Bondo est privé des rayons du soleil. Du côté opposé, l'on voit, sur la pente de la montagne, le village de Soglio, avec les restes du château de Castellazzo. Non loin de là est la jolie cascade de l'Acqua di Stoll, et l'on découvre une belle vue sur la chaîne du Bernina. Les différentes cimes indiquent par leur nombre les heures du jour; de là leurs noms de Piz de Nove, Piz de Dieci, Piz d'Undici, Piz Mezzodi, etc. Le dernier village suisse est Castasegna (2,300), dont le nom indique qu'il est entouré de plantations de châtaigniers. C'est sur la rive gauche de la Maira, et en face d'une belle cascade formée par l'Acqua Freggia, qu'était jadis la petite ville de Plurs (Piura), entourée de maisons de campagne, et qui fut ensevelie sous une chute de montagne en 1618. Toute trace de ce malheur est maintenant effacée : de beaux groupes de châtaigniers recouvrent la colline formée par les décombres.

Val Misocco et Val Calanca. — Reportons-nous maintenant sur le sommet du Bernardin, et descendons dans la belle vallée de Misocco. La pente est plus rapide sur le versant méridional, mais la route fait une longue série de zigzags, qui d'en haut ressemblent à un cable tordu. A trois quarts d'heure au-dessous du sommet, on passe la Mœsa sur un beau pont qu'on nomme Victor-Emmanuel, en mémoire du roi de Sardaigne qui a le premier mis en avant le projet de créer cette route ; non loin de là, la rivière forme une belle cascade. Plus bas, la route est protégée par un toit contre les avalanches. A moitié chemin, entre Saint-Bernardin et San-Giacomo, la rivière fait encore une chute, mais on ne peut la voir qu'en suivant un sentier qui longe la rive droite. A mesure qu'on descend, de charmants points de vue se succèdent. L'un des plus remarquables est celui dont on jouit du pont de San-Giacomo, sur la vallée et sur les ruines grandioses du château de Misocco, situé au-dessous du village de Misocco ou Cremeo. De la colline qui porte les ruines, l'on a aussi, sur la partie inférieure de la vallée, une très-belle vue qui s'étend jusqu'aux sommités du mont San-Giori et du Camoghé, frontières du Tessin et de la Lombardie.

De même que la Porta dans le val Bregaglia, ici c'est le château de Misocco qui marque la limite de la nature alpestre et de la nature italienne. La partie inférieure de la vallée présente le contraste le plus frappant, tant pour la langue et les mœurs, que pour la végétation et le climat. Ici tout est italien, jusqu'au caractère et à la physionomie des habitants. En continuant à descendre, on chemine maintenant au milieu de plantations de maïs et des autres cultures qui prospèrent sous un ciel d'Italie.

VII

Il nous faut rentrer à Coire pour aller à Zurich; c'est de cette belle et grande cité que nous devons dater nos voyages dans les cantons primitifs, dans le pays des vieux héros, fondateurs de la liberté et du lien fédératif qui unit les vingt-deux cantons d'à présent.

Nous reverrons des lacs déjà connus : le Wallensee, le canal de la Linth, la partie supérieure du lac de Zurich vers Rapperschwyll. La voie d'eau ou la ligne ferrée nous conduira sûrement et agréablement.

Salut à la vieille et illustre cité qui fut si longtemps la capitale, le Vorort de la confédération et qui est restée, avec tant d'honneur, la ville des savants et des lettrés, la véritable Athènes de la Suisse-Allemande ! !

CANTON DE ZURICH

LIMITES, ÉTENDUE, CLIMAT, etc. — Le canton de Zurich est borné, au nord, par les cantons de Thurgovie et de Schaffhouse; et par le grand duché de Bade, dont il est, sur deux points, séparé par le Rhin; à l'est par la Thurgovie et Saint-Gall; au sud, par Schwytz et Zug; à l'ouest, par l'Argovie. Son territoire est le septième en grandeur dans la Confédération. Sa population était, en 1880, de 317,000 âmes. Berne seul le dépasse sous ce rapport. On ne voit dans le canton ni glaciers, ni neiges perpétuelles; aussi jouit-il d'un climat généralement doux; il s'y trouve un grand nombre d'expositions favorables à la culture de la vigne.

Montagnes.— Le Canton de Zurich n'est pas au nombre des cantons montagneux de la Suisse. Cependant, vers le sud et vers l'est, quelques petites chaînes atteignent une hauteur assez considérable. 1° Celle du *Hœrnli*, vers la frontière saint-galloise; ses plus hautes sommités sont le *Schnebelhorn*, point culminant du canton, 4,013 pieds ; et le *Hœrnli*, 3,469. Entre ces deux sommités se trouve le passage de la *Hülftegg*, haut de 3,252 pieds. 2° A l'ouest du Hœrnli et du cours de la Tœss, s'étend une chaîne qu'on appelle quelquefois l'Allmann, et dont le point le plus élevé est le *Bachtel*, 3,392. 3° A l'extrémité méridionale du canton, s'élève le *Hohe-Rohne*, sur le point culminant duquel, 3,803, est placée une pierre qui forme le point de contact des cantons de Zurich, Schwytz et Zug. 4° Parallèlement au lac de Zurich, court la chaîne de l'*Albis* dont les deux principaux sommets sont l'*Uetliberg*, près de Zurich, 2,682, et le *Schnabel*, à trois lieues plus au sud. 6° Vis-à-vis de l'Albis, sur l'autre rive du lac, la chaîne du *Pfannenstiel* atteint 2,639 pieds au-dessus de Meilen. 7° Nommons enfin le *Lagerberg*, situé au nord-ouest, dernier prolongement du Jura, 2,635. De toutes ces hauteurs on jouit d'une vue étendue et magnifique sur les Alpes.

Rivières, vallées. — Les principales rivières du canton de Zurich sont le *Rhin*, la *Limmat*, la *Reuss*, la *Thur*, la *Tœss*, la *Glatt*, et la *Sihl*.— Le

Rhin coule au nord du canton de Zurich; ce n'est que vers Eglisau que ses deux rives appartiennent à ce canton sur une longueur d'une lieue et demie. —La Limmat (*Lindimacus*, *Lindemaga*) sort du lac de Zurich. Ses eaux sont d'un beau bleu et d'une grande limpidité, qui est troublée plus loin par celles de la Sihl, quand ce torrent est enflé par de grandes pluies ou par la fonte des neiges. Malgré sa rapidité, elle est navigable, et depuis une haute antiquité l'on a fait usage de cette voie de transport, pour laquelle on se sert de bateaux longs et étroits.

La *Reuss* (Rusa) fait la limite des cantons de Zurich et d'Argovie, sur une longueur d'une lieue et demie. — La *Thur* (*Tura*, *Dura*), qui vient des cantons de Saint-Gall et de Thurgovie, arrose la partie nord-est du canton de Zurich, et se jette dans le Rhin entre Rheinau et Eglisau. — La *Tœss* (*Thosa* ou *Toissa*) a sa source dans le Fischenthal, sur les flancs de la chaîne du Hornli; après avoir traversé le canton dans toute sa longueur, elle se jette dans le Rhin au-dessous de Rorbass.

La *Sihl*, qui sort de la vallée d'Einsiedln, au canton de Schwytz, forme la limite méridionale, sur une longueur de deux lieues. Elle coule ensuite au pied de l'Albis, où elle arrose une belle vallée boisée, séparée du lac de Zurich par une chaîne de collines. Elle se jette dans la Limmat un peu au-dessous de la ville. Les rivières qu'on vient de nommer coulent presque toutes du sud-est au nord-ouest, et forment autant de vallées plus ou moins larges et profondes, et à peu près parallèles. La plus remarquable est celle qui renferme le lac de Zurich.

Lacs.—Le lac de Zurich a huit lieues de longueur; sa plus grande largeur est de trois quarts de lieue entre Stæfa et Richterschwyl. Près de la presqu'île nommée *Au* (prairie), sa profondeur est de 600 pieds; son niveau est de 1,268 pieds, au-dessus de la mer. Pendant l'été, il éprouve une crue considérable, ainsi que tous les lacs où se versent les eaux qui découlent des Alpes. La nature n'a pas entouré le lac de Zurich de scènes sublimes et grandioses, comme plusieurs autres lacs de la Suisse; mais elle s'est plu à favoriser ses rives des paysages les plus riants et les plus gracieux.

Le voyageur est surtout ravi de la brillante verdure dont ce beau lac est encadré, et du milieu de laquelle se détachent dix-huit villages et une grande quantité de villas et d'habitations rustiques. Quand on se rend de Zurich, à Rapperschwyl, on voit fuir derrière soi Zurich, ses ponts et ses tours; à droite se prolongent les croupes de l'Albis, couronnées de forêts de sapins; des coteaux, couverts de vignes s'étendent à gauche; peu à peu les montagnes, escarpées et neigeuses s'élèvent sur le fond du tableau.

C'est entre Oberried et Meilen que le lac se déploie dans toute sa magnificence; c'est là qu'apparaissent dans toute leur richesse les collines et les montagnes qui en forment le cadre. La petite presqu'ils nommée Au a été chantée par Klopstock, dans une belle ode intitulée *le Lac de Zurich*. L'espace entre Stæfa et Rapperschwyl forme comme un second bassin ; les sommités neigeuses du Glærnisch, qui s'élèvent au-dessus des montagnes boisées, y produisent un effet extaordinaire. Plus loin, le lac se trouve tout à coup resserré par deux langues de terre : sur l'une est la ville saint-galloise de Rapperschwyl ; à l'extrémité de l'autre, qui est beaucoup plus prolongée, est le joli hameau schwytzois de Hürden. Ces deux langues de terre ont été jointes par un pont dès l'an1350. Avant d'arriver à ce pont. l'on passe devant deux petits îlots couverts de bosquets et de riantes prairies; l'un est l'île d'Ufenau, le second l'île de Lüzelau. Rien n'est comparable à la situation de la première.

C'est là que mourut et fut enseveli le chevalier Ulrich de Hutten, qui fut tour à tour guerrier, poète, courtisan et hermite; il fut lié avec Luther et avec Erasme, et contribua beaucoup par ses écrits à la renaissance des lettres. Au-delà du pont s'étend un troisième bassin, appelé *Obersee* ou *lac supérieur*. Au sud, on voit le village de Lachen, chef-lieu du district septentrional de Schwytz ; à l'est, celui de Schmerikon. L'intervalle est occupé par d'épaisses forêts qui couvrent le mont Buchberg; au sud-ouest s'élève le mont Etzel, dont le pied est garni de villages. Cette partie du lac appartient aux cantons de Schwytz et de Saint-Gall.

A l'est de Zurich est le lac de *Greifensee*, ainsi nommé d'un village situé sur sa côte orientale. Ce lac a une lieue et demie de longueur, et une demi-lieue de largeur. Ses eaux sont d'une limpidité remarquable; les rivages en sont fertiles et bien cultivés.

A l'est s'élève, près du village du même nom, le château d'Uster. C'est dans ce château qu'eurent lieu, en 1830, les grandes assemblées populaires qui réclamèrent une révision de la constitution, et en proposèrent les nouvelles bases. — Le canton de Zurich possède encore quelques lacs plus petits. Nous nommerons seulement le lac de *Pfæffikon*, long d'une demi-lieue, et qui se décharge dans celui de Greifensee; et le joli petit lac de *Türlersee*, à l'ouest de l'Albis.

Sources, eaux minérales, bains. — Le canton abonde en bonnes sources; on y trouve aussi plusieurs fontaines périodiques ou intermittentes, que le peuple appelle Fontaines de disette (*Hungerbrunnen*), parce que leur non-apparition annonce, d'après une croyance populaire, une année de disette. Les plus remarquables sont le Haarsee ou lac de Haar, près de Henggard; le Kernensee, près de Neerach. Le canton possède aussi plusieurs sources d'eaux minérales et établissements de Bains.

Histoire naturelle. — Le canton de Zurich renferme un grand nombre d'animaux sauvages, mais peu d'animaux nuisibles.

Les lacs du canton ne renferment pas d'autres poissons que ceux communs aux autres lacs de la Suisse. Les meilleurs sont la truite saumonée (*sal-*

mo trutta), qui pèse souvent 30 livres; ce sont les plus grosses qui ont la chair la plus recherchée; la lotte, dont le poids va quelquefois à 8 ou 9 livres, etc.

L'Uetliberg, le Hœrnli, le Lagerberg, offrent une abondante moisson de plantes rares. Les environs du lac de Zurich, les marais de Dübendorf et de Rifferswyl, méritent aussi d'être visités.

Les roches de la formation la plus ancienne qu'on trouve dans le canton de Zurich, sont celles du Lagerberg, qui est un prolongement du Jura, et qui se compose de couches calcaires; on y trouve, sur la pente nord, beaucoup de gypse d'une qualité remarquable. Le reste du canton appartient à la formation tertiaire; les couches de grès et de marne y dominent. On trouve du poudingue (ou brèche, ou *Nagelflue*) sur divers points.

On a trouvé en divers endroits des lits de houille entre des couches de molasse; le plus important et le seul dont l'exploitation ait continué jusqu'ici, est celui de Kæpfnach, près de Horgen.

Les tremblements de terre sont assez fréquents dans le canton et particulièrement aux environs d'Eglisau sur le Rhin.

ANTIQUITÉS. — Le canton de Zurich est un des plus intéressants pour les amateurs d'archéologie.

On a découvert en divers lieux des tombeaux qu'on regarde comme celtiques, et où l'on a retrouvé un certain nombre de squelettes: par exemple, à Underweil, à Rœrbass, à Unter et-Ober-Entstringen, à Horgen, près de Zurich, etc. Quelques-unes des tombes renfermaient en même temps des armes, des anneaux d'or, des ustensiles, des monnaies celtiques, etc. On a reconnu aussi des tombes romaines à Oberwinterthour, à Rœrbass, etc. Mais les traces les plus remarquables de la domination romaine sont des restes considérables de murailles, qui doivent indiquer les emplacements qu'occupaient les camps permanents et fortifiés des légions romaines (*castrum*, *mansio*). D'après les marques qu'on voit sur un grand nombre de briques, il paraît que les légions 11ᵉ, 21ᵉ et 90ᵉ ont fait un séjour prolongé dans ce pays.

On a découvert aussi quelques vestiges de temples. Ainsi, sur une colline qui s'élève près d'Ottenbach et de Lunnern, et qui se nomme l'*Isenberg* ou *Iselisberg*, on voit les restes d'un temple romain, où se trouvaient encore, au milieu du siècle dernier, les bases et les tiges de quelques colonnes. Le nom de cette colline a fait supposer que le temple était consacré à la déesse Isis.

Sur le sommet de l'Uetliberg on a trouvé des antiquités celtiques et romaines; on suppose qu'il y avait là jadis un poste romain ou celto-romain, destiné à allumer des signaux pour annoncer au loin l'approche de l'ennemi. — Ces vestiges de diverses voies romaines qui traversaient le canton, existent encore.

Histoire. — Zurich existait du temps des Romains sous le nom de *Turicum*. Ce ne fut que vers le commencement du 7me siècle qu'elle embrassa le christianisme. Sa position avantageuse sur une des voies importantes par lesquelles l'Allemagne faisait le commerce avec l'Italie et la Bourgogne, la fit bientôt prospérer et s'enrichir. En 1218, elle fut déclarée ville libre et impériale; en 1251, elle s'allia avec les pays d'Uri, Schwytz et Unterwald, afin d'assurer le maintien de ses droits et privilèges. C'est vers cette époque, qu'avec l'aide du comte Rodolphe de Habsbourg, Zurich conquit et détruisit les châteaux des seigneurs du voisinage, ses ennemis irréconciliables.

Vers 1336, elle secoua le joug des nobles qui gouvernaient dans ses murs, et établit une constitution démocratique. Zurich, sentant le besoin d'alliés, accéda, en 1351, à la confédération qu'avaient formée Uri, Schwytz, Unterwald et Lucerne, et ces Etats consentirent même à lui céder la prééminence.

Les possessions de la ville, au milieu du 14me siècle, consistaient en quelques domaines situés sur les bords du lac et de la Sihl. Vers le milieu du 15me siècle, des dissensions civiles désolèrent et ensanglantèrent la Suisse, et Zurich, qui eut la funeste idée de s'allier avec l'Autriche, soutint une lutte contre ses confédérés.

Zurich fut la première ville de Suisse et une des premières de l'Europe qui embrassèrent la réforme. Ce fut dans les années 1523 à 1525 que, malgré les conseils et les menaces de ses confédérés, le peuple zuricois se prononça hautement pour les doctrines prêchées par les réformateurs. Ce fut Ulrich Zwingli, natif de Wildhaus dans le Tockenbourg, et ci-devant curé à Glaris et à Einsiedeln, qui donna l'impulsion à ce mouvement.

Dans le siècle suivant, Zurich s'interposa activement auprès des ducs de Savoie en faveur des Vaudois du Piémont, et accorda asile et assistance aux protestants français que de cruelles persécutions forçaient à s'expatrier.

Durant les premières années de la révolution française, le peuple zuricois resta tranquille; en 1791 commença l'agitation dans les districts; elle ne fut apaisée que lorsque, le 5 février 1798, Zurich eut consacré l'égalité des droits entre la ville et la campagne. Mais cette même année, Zurich fut envahi, comme le reste de la Suisse, par les armées françaises, et devint bientôt le théâtre de batailles sanglantes entre celles-ci et les armées alliées.

En septembre 1798, les Français, commandés par Masséna, ayant passé la Limmat entre Dietikon et Schlieren, sur un pont de radeaux, coupèrent la ligne des Russes, qui durent battre en retraite. Le combat se prolongea toute la journée du 26, et les Français pénétrèrent en vainqueurs dans la ville, chassant devant eux l'ennemi. Cette journée coûta la vie à deux grands citoyens, à Lavater et au tribun Irmenger. Le premier accourait au secours d'un de ses compatriotes menacé par des soldats, lorsqu'il reçut un coup de feu dans la poitrine; il mourut le 2 janvier 1801, des suites de cette blessure; Irminger fut massacré dans son jardin par des Russes, qui le prirent, à son habit bleu, pour un Français.

En 1803, Zurich se soumit à l'ordre de choses qui fut établi par l'Acte de médiation. Cependant, les campagnards étaient mécontents de la position inférieure que leur donnait cet Acte relativement à la ville; en 1804, une insurrection assez grave éclata dans une grande partie du canton; le gouvernement, avec le secours d'autres cantons, parvint à la réprimer.

Zurich était un des six cantons appelés par l'Acte de médiation à être, à tour de rôle, le siège du gouvernement fédéral. En 1813, il se trouvait Canton directeur (ou *Vorort*), quand des évènements graves changèrent la face de l'Europe. La Diète se réunit à Zurich le 29 décembre, au moment où les armées alliées venaient de violer la neutralité de la Suisse. Les députations de la plupart des cantons invitèrent Zurich à continuer de diriger les affaires fédérales. Le 1er janvier 1817, Zurich transmit à Berne l'autorité directoriale, qu'elle avait exceptionnellement conservée pendant quatre ans.

Par la nouvelle Constitution votée le 11 juin 1814, la ville de Zurich eut dans le Grand Conseil 130 représentants, et la campagne 82; en même temps, les citoyens de la ville pouvaient être élus dans la campagne, ce qui donnait à la ville une prépondérance marquée.

La révolution française de juillet 1830 eut un grand retentissement dans le canton de Zurich, comme dans le reste de la Suisse.

Le 25 novembre, le Grand Conseil accorda à la campagne les 2/3 de la représentation; quelques jours après eurent lieu les élections. La nouvelle Constitution fut adoptée par le peuple le 20 mars 1831.

Le 30 janvier 1833, le Grand Conseil, à une forte majorité, décréta la destruction des remparts de Zurich. Cette décision blessait une partie des citoyens de la ville, mais elle mit fin à la défiance que beaucoup de campagnards nourrissaient contre cette vieille place fortifiée.

En même temps, toutes les branches de l'administration reçurent d'importantes améliorations; en particulier, tout l'ensemble des établissements d'instruction fut réorganisé, et le réseau des routes considérablement développé.

En 1839, l'appel du professeur étranger Strauss, connu pour ses opinions non-orthodoxes, à une chaire de théologie dans l'Université, donna lieu à une insurrection qui éclata pendant la session de la Diète, et qui coûta la vie à plusieurs citoyens. En 1846 et 1847, Zurich prit parti contre le Sonderbund catholique. Par la nouvelle Constitution fédérale, adoptée en 1848, Zurich a perdu le privilège d'être à son tour le chef-lieu directorial.

Caractère, mœurs, usages, etc. — L'activité, l'amour de l'ordre, l'économie, de la franchise dans le caractère, de l'intelligence, et une grande aptitude pour les arts mécaniques, sont les traits caractéristiques des habitants de ce canton ; ils se distinguent aussi par une grande simplicité dans les habitudes de la vie domestique, et une hospitalité affectueuse. Patriotes par principes, ils sont fort attachés à leurs anciennes coutumes, et fiers avec raison de leurs annales héroïques et de leurs institutions héréditaires.

De tous les arts cultivés par les Zuricois, celui dont le goût est le plus généralement répandu, c'est la musique. Ces dispositions naturelles sont d'autant plus remarquables, qu'elles contrastent singulièrement avec leur langage habituel, fort peu musical et harmonieux. Dès le moyen-âge, la musique, tant vocale qu'instrumentale, était en honneur à Zurich, et les musiciens formaient même une corporation, dont le chef portait le titre de *roi*.

Cultes. — Les paroisses réformées du canton sont au nombre de 160. L'élection des pasteurs, depuis la Constitution de 1831, a eu lieu par les paroisses elles-mêmes. Chaque paroisse a un Conseil paroissial.

D'après le recensement de 1880, on compte dans le canton de Zurich 9,000 catholiques, dont 2,000 dans le chef-lieu; les autres se trouvent principalement dans la petite ville de Rheinau et dans le village de Dietikon, à la frontière d'Argovie.

Instruction publique. — Zurich avait reçu déjà, dans le moyen-âge, le surnom de *savante*, et, de nos jours, on lui donne celui d'Athènes de la Suisse allemande. Il est peu de pays, en effet, où le goût de l'instruction soit aussi généralement répandu que dans le canton de Zurich, et où l'enseignement des premiers éléments de toute connaissance soit aussi commun et aussi peu dispendieux. Il n'est point de ville, point de hameau, qui n'ait son école, et plusieurs de ces écoles sont établies dans des maisons communes et particulières qui ressemblent à de jolies maisons de campagne. Il est peu de pays aussi qui soit doté d'autant d'institutions pour l'enseignement supérieur.

Les établissements supérieurs d'instruction publique sont l'*Ecole cantonale* et l'*Université*. l'Ecole cantonale, ouverte en avril 1833, se compose de deux divisions : le Gymnase et l'Ecole industrielle, qui chacun se subdivisent en deux degrés. — L'Université, décrétée par une loi de septembre 1832, et ouverte le 29 avril 1833, se divise en quatre facultés (théologie, médecine, sciences politiques, et philosophie). Elle compte trente à quarante professeurs, non compris ceux qui sont désignés sous le nom de *Privat-Docenten* ou maîtres privés. Plusieurs savants distingués ont enseigné ou enseignent encore dans l'Université. — Il existe en outre une école spéciale, destinée à former de bons régents pour les écoles primaires et secondaires, et qui a été fondée en 1831, sous le nom de *Séminaire des Régents*.

Indépendamment de ces établissements cantonaux, Zurich possède une Ecole polytechnique fédérale.

AGRICULTURE. — La superficie totale du canton est de 480,000 arpents, dont 400,000 environ sont susceptibles de culture. Sur ce nombre, on en compte 15,000 en vignes, 96,000 et en forêts. L'agriculture y a acquis un haut degré de perfection, surtout sur les deux rives du lac. Dans le siècle dernier, une impulsion avait été donnée par plusieurs agronomes distingués et par la section d'agriculture de la Société d'Histoire naturelle de Zurich.

Dans aucune partie de la Suisse, peut-être, on n'entend également bien l'art des engrais et celui de l'irrigation des prairies. On cultive en grande quantité et avec soin les arbres fruitiers; c'est sur les bords du lac de Zurich et dans les districts d'Affoltern, d'Uster et de Winterthour, que la récolte des fruits est la plus abondante; on en emploie une partie à faire du cidre et de l'eau de cerises. La culture de la vigne dans le canton remonte à l'an 1145; elle y est très bien entendue; elle prospère surtout aux environs de Winterthour et sur les bords du lac de Zurich; les vins rouges des meilleurs vignobles de Winterthour ont une grande analogie avec le Bourgogne et le Bordeaux; on fait aussi un vin excellent près de la chute du Rhin. Les Zuricois sont grands amateurs des fleurs; aussi en cultive-t-on beaucoup autour des habitations, dans le voisinage du lac de Zurich.

Industrie, commerce. — Dès le 13e siècle, Zurich possédait des fabriques de laine, de soie, de toile et de cuir; mais ce fut surtout à l'époque de la Réformation que s'accrut son activité commerciale; elle le dut surtout à un certain nombre de citoyens de Locarno en Tessin, qui avaient quitté leur pays pour cause de religion, et parmi lesquels se trouvaient d'excellents ouvriers. Vers le milieu du 16e siècle, Tours et Lyon virent s'élever dans leur sein des fabriques de soie qui firent un grand tort à celles de Zurich. Cette ville chercha alors un dédommagement dans une nouvelle industrie, celle des cotons. A la fin du 17e siècle, les protestants français émigrés donnèrent une nouvelle impulsion à l'industrie, en introduisant diverses améliorations et en établissant en particulier des fabriques de mousseline. Vers 1790, la fabrication des soieries avait repris un certain degré de splendeur, et de nos jours même, Zurich rivalise avec Lyon; la main-d'œuvre y étant moins chère, la matière première n'ayant pas de droits onéreux à payer, on peut y fabriquer et livrer les étoffes à bien meilleur marché que dans cette ville.

Quant au commerce de Zurich, il comprend toutes les productions qui viennent d'être énumérées; autrefois, il y avait en outre un transit très considérable entre l'Allemagne, l'Italie et la France; il a diminué dans les derniers temps, par suite des entraves qui existaient dans l'intérieur de la Suisse et des facilités nouvelles créées pour le commerce, soit en France, soit sur la voie de Trieste. La branche principale du commerce de Zurich, ce sont ses étoffes.

HOMMES DISTINGUÉS. — Dès le moyen-âge, les sciences, les lettres et les arts furent cultivés avec succès à Zurich; peu de pays ont été, dans toutes les branches des connaissances humaines, aussi féconds en hommes distingués. *Stumpf* est le premier Zuricois dont on ait imprimé un ouvrage sur l'histoire suisse. Sa chronique fut longtemps une lecture favorite du peuple, et elle est encore consultée par les historiens. L'ouvrage de *Josias Simmler*, *De republicâ Helvetiorum*, a eu de nombreuses éditions, et a été traduit en plusieurs langues. *J.-J. Hottinger* a publié une histoire de l'Eglise. *Bodmer*, *Salomon Hirzel*, *M. Usteri* et *H. Füssli* ont tous fait des travaux et des recherches approfondies sur l'histoire suisse. Ce dernier a été collaborateur du célèbre Jean de Müller.

Zurich peut citer, entre autres géographes, *Félix Faber*, qui a laissé une description détaillée des voyages qu'il fit en 1480 et 1483 dans la Palestine, l'Arabie et l'Egypte; il accompagnait comme chapelain des chevaliers qui faisaient un pèlerinage. Robinson, savant voyageur anglais des temps modernes, rend hautement justice à son exactitude.

Comme astronomes, nous nommerons *Feer*, qui a obtenu l'établissement d'un observatoire et a le premier déterminé avec exactitude la latitude de Zurich; *Gaspard Hirzel*, qui a publié l'*Astronomie de l'amateur*, ouvrage écrit en français, et remarquable par la pureté et la grâce de son langage et surtout par la chaleur avec laquelle l'auteur exprime les sentiments religieux que lui inspirait cette étude sublime. *G. Horner*, qui a accompagné dans son voyage autour du monde le navigateur Krusenstern; les observations qu'il a publiées font preuve de ses profondes connaissances en mathématiques et en physique.

Plusieurs Zuricois se sont illustrés dans les sciences naturelles. *Conrad Gessner*, mort en 1565, était un des savants les plus universels de son époque; il fut surnommé le Pline des temps modernes. *Scheuchzer* a écrit des voyages dans les Alpes (*Itinera Alpina*) et une *Histoire naturelle de la Suisse*, qui sont d'un grand mérite. Sur la recommandation du célèbre Leibnitz, Scheuchzer fut appelé à la cour de Pierre-le-Grand; mais l'amour de son pays l'empêcha d'accepter cette position. *P. Usteri* a fait paraître de nombreux écrits sur la botanique; il suivait la méthode de Jussieu. *Ebel* et *Escher de la Linth* ont publié des travaux importants sur la géologie de la Suisse.

Soit par les ouvrages qu'il a publiés, soit par les établissements d'instruction qu'il a dirigés, *Pestalozzi* a rendu d'éminents services à la Suisse. La méthode élémentaire d'enseignement qu'il a appliquée a conservé le nom de son auteur. *Scherr* a aussi été très utile au canton de Zurich, en travaillant à la réforme des écoles primaires; son *Manuel de pédagogie* contient un trésor d'observations et d'expériences.

Longtemps Zurich fut regardé comme le trône de la critique; *Bodmer* fut nommé le Platon de l'Athènes suisse. *J. J. Hottinger* a montré un grand talent dans son *Essai d'une comparaison entre les poètes allemands et ceux de la Grèce et de Rome; J. J. Horner*, dans ses *Tableaux de l'antiquité grecque*, et *H. Meyer*, ami de Gœthe et de Schiller, dans son *Histoire de la peinture et de la sculpture* (*bildenden Künste*) *en Grèce*, ont fait preuve d'une profonde érudition. Le pasteur *Lavater* s'est rendu célèbre par son système de physiognomonie; les ouvrages de *J.-H. Meister* le font connaître comme un profond penseur et un homme du goût le plus pur.

La poésie n'a point été négligée à Zurich. *Conrad de Mure*, qui vivait au 13e siècle, composa un éloge de Rodolphe de Habsbourg et une chronique rimée de Charlemagne. Un des troubadours les plus aimables du 14e siècle fut *Hartmann von der Aue* (de la Prairie). *Bullinger*, *Bodmer* et *Lavater* réussirent aussi dans la poésie; ce dernier a composé des *Chants suisses* où respire le plus ardent patriotisme. *L. Meyer de Knonau* a publié des fables riches en instructions délicates et morales et en observations psychologiques. Les poésies pastorales de *Salomon Gessner* sont comparables à celles de Théocrite, que l'auteur s'était proposé pour modèle.

Zurich n'a pas été moins fécond en artistes remarquables qu'en savants et en littérateurs. Comme compositeurs habiles, nous nommerons *Léo Juda*, l'ami de Zwingli ; le pasteur *H. Goldschmid;* enfin l'immortel *Nägeli*, qui poussa son art bien plus loin que ses devanciers, et en exposa les principes dans un ouvrage classique. Ses mélodies admirables ont été accueillies avec enthousiasme, soit dans sa patrie, soit à l'étranger. Parmi les peintres d'histoire et de genre, nous nommerons *Salomon Gessner*, *Landolt*, *Freudweiler;* parmi les paysagistes, *Wüst*, *J. Meyer*, *J. Ulrich*. — L'un des plus célèbres sculpteurs zuricois est *Balthasar Keller*, qui fondit d'un seul jet la statue de Louis XIV ; les jardins de Versailles et des Tuileries sont pleins des chefs-d'œuvre de cet artiste, qui mourut à Paris en 1702. Nommons enfin les architectes *Felder* et *Rüzistorfer*.

VILLES, BOURGS, ET AUTRES LIEUX REMARQUABLES. — *Zurich*. Cette ville, située à l'extrémité septentrionale du lac du même nom, est divisée en deux parties presque égales par la Limmat, quoiqu'on désigne par le nom de *grande ville* la partie qui occupe la rive droite. Quatre ponts font communiquer la *grande* et la *petite ville*. Les deux ponts supérieurs sont seuls praticables pour les voitures. Le premier et le plus remarquable ne date que de 1838. Il s'appelle *Münsterbrücke* (pont du Münster), à cause du voisinage du *Frauenmünster*, cathédrale ou église de Notre-Dame ; ses voûtes et son revêtement sont en marbre noir du lac de Wallenstadt, et sa principale corniche est en granit blanc du St-Gothard. Le second, appelé maintenant *pont inférieur*, est très large, et sert ordinairement de place de marché. La ville a passablement changé d'aspect depuis la démolition de ses fortifications; des quartiers entiers se sont formés autour de l'ancienne Zurich, de sorte qu'indépendamment de sa position, elle doit maintenant être mise au nombre des plus belles comme des plus florissantes de la Suisse. On peut citer les trois nouveaux hôtels : l'hôtel *Baur*, vis-à-vis la Poste; l'*Hôtel du lac*, et la *Couronne d'or*, sur le quai supérieur. Le premier de ces hôtels est le plus étendu; mais le second jouit, par sa position favorable, d'une vue remarquable sur le lac et les Alpes; ce bâtiment se distingue non-seulement par son extérieur plein de goût, mais aussi par son excellente distribution.

Sur la rive droite, on peut nommer l'*Hôtel-de-Ville*, ou bâtiment du Conseil (*Rathhaus*). Dans une antichambre, on voit trois grands tableaux de Melchior Füssli, représentant tous les poissons du lac et de la Limmat en grandeur naturelle. — L'*Hôtel du Gouvernement* (*Regierungsgebäude*) n'est qu'une partie d'un ancien couvent de dominicains, qu'on a transformé, depuis 1833, pour en faire le siége de la plupart des autorités de l'Etat. — L'*Ecole cantonale*, bâtie de 1839 à 1841, est remarquable par son architecture; à l'étage inférieur sont placés le laboratoire de chimie et une partie de l'Ecole industrielle; le second est consacré à la même école, et le troisième au Gymnase. — L'*Institut des aveugles et des sourds-muets*, datant de 1809. — La *Maison des orphelins*, vers le nord de la ville. — Le *nouvel Hôpital*, situé dans une magnifique position, qui domine toute la ville, et sur un emplacement jadis occupé par les remparts. — La tour de *Wellenberg*, qui était bâtie au milieu de la Limmat, à sa sortie du lac, et où l'on enfermait les prisonniers d'état et les criminels, a été démolie en 1838. C'est là qu'avait été detenu jadis, pendant deux ans, le comte Jean de Habsbourg-Rapperschwyl; et le bourgmestre Waldmann y fut aussi renfermé en 1488. — Enfin le *Grossmünster* ou cathédrale, monument remarquable de l'architecture du moyen-âge; les connaisseurs le comparent avec l'église de Monza et avec les églises d'Ambroise et d'Eustorgius à Milan. Sur un côté de la tour de Charlemagne (*Carlsthurm*), on voit une figure colossale placée dans une niche, sous un baldaquin, avec une couronne de pierre dorée sur la tête et un glaive à la main; on ne sait pas exactement si elle représente Charlemagne ou l'empereur Othon; on ignore aussi l'époque précise où elle a été placée.

Les édifices à mentionner sur la rive gauche sont les suivants :

Le *Frauenmünster*, ou église de Notre-Dame, construite sur l'emplacement d'une ancienne petite église, suivant les uns après le milieu du 13me siècle, suivant d'autres vers 881, par Hildegarde et Berthe, petites-filles de Charlemagne. Elle est en style gothique. Le chœur est d'une date plus reculée que le reste de l'église ; la partie sud-est est regardée comme le monument le plus ancien que Zurich puisse montrer sous le rapport de l'architecture. Elle avait autrefois deux tours; il n'y en a maintenant plus qu'une, qu'on a élevée, en 1732, à la hauteur de 285 pieds. — *L'église des Augustins*, employée comme magasin à blé durant trois siècles, a été, en 1818, restaurée et restituée au culte catholique; elle est un modèle d'une exécution simple et de bon goût. Les tableaux de Deschwanden, le Christ sur le mont des Oliviers, et le Sauveur ressuscité sont excellents; le maître-autel et la chaire méritent aussi d'être remarqués. *L'église de Saint-Pierre*, dont Lavater a été 23 ans pasteur (ses restes reposent dans l'ancien cimetière Sainte-Anne, situé du côté de l'ouest, et dans lequel on ne trouve d'autre nom connu que celui du professeur *Ebel*). — *L'hôtel des Postes*, qui fut commencé en 1835 et terminé en 1838, peut servir de modèle aux établissements du même genre. — L'ancien *Arsenal*, près de l'église de Saint-Pierre, renferme un grand nombre d'anciennes armes, morgensterns, hallebardes, cuirasses, etc., quelques drapeaux et des arbalètes, dont l'une est donnée pour celle de Tell. La hache d'armes de Zwingli, conquise par les Lucernois à la bataille de Cappel, et conservée dès-lors à l'arsenal de Lucerne, a été transportée ici en 1847, après la guerre du Sonderbund.

Bibliothèques et autres collections scientifiques. — La *Bibliothèque de la ville*, placée dans l'ancienne église dite *Wasserkirche*, a été fondée en 1634, et contient plus de 70,000 volumes. Elle possède des manuscrits précieux : une des meilleures copies de Quintilien ; trois lettres latines que *Jane Gray* (depuis femme de Henri VIII, et décapitée à Londres en 1553), adressa, à l'âge de 18 ans, au doyen Bullinger; sept lettres de *J.-J. Rousseau ;* deux volumes de figures chinoises coloriées; un code birman écrit sur des feuilles de palmier; trois lettres de *Frédéric II*, roi de Prusse, au professeur Müller de Berlin, sur la publication d'un recueil de poésies allemandes du 12me au 14e siècle; plusieurs bréviaires remarquables par leur ancienneté ou par la beauté de leurs miniatures; la Bible grecque de *Zwingli*, avec des observations marginales de sa main en langue hébraïque, et divers autres manuscrits du même réformateur ; 700 manuscrits relatifs à l'histoire de la Suisse; une collection de portraits des bourguemestres de Zurich, curieuse parce qu'elle représente les costumes des divers siècles.

Zurich est riche en collections scientifiques : Le *Musée zoologique* a été fondé par la Société de Physique, et a été cédé, en 1837, à l'Etat pour le prix modeste de 4,000 francs; la collection *minéralogique* renfermée dans le bâtiment universitaire;

la collection *anatomique*, placée dans le nouvel hôpital ; le laboratoire de *chimie*, placé dans l'école cantonale; le cabinet des *médailles ;* la collection des *antiquités* celtiques et romaines trouvées dans le canton ; le *Jardin botanique*, dont l'étendue est de trois ou quatre arpents, et qui possède plusieurs serres ainsi que le riche herbier du docteur Hegetschweiler; l'*Observatoire*, établi depuis 1812 près des anciens remparts de la rive droite.

PROMENADES, POINTS DE VUE, EXCURSIONS. — La *Promenade haute*, dans la grande ville, est très-agréablement ombragée d'arbres ; on y jouit d'une magnifique vue sur le lac et sur les Alpes lointaines, surtout de l'hémicycle où est le monument de *J.-G. Nægeli*, élevé à ce compositeur par les sociétés de chant de la Suisse. Le *Lindenhof*, ou Cour des Tilleuls, sur la rive gauche, est une terrasse élevée d'environ 80 pieds au-dessus de la Limmat; il y avait là, jadis, une station de péage romain, plus tard un château où résidaient les gouverneurs impériaux; c'est dans ce lieu que se rendait publiquement la justice dans les 9e et 10e siècles; aussi ce lieu a-t-il joué un grand rôle dans l'histoire du pays. — Vers l'ouest de la ville s'élève la promenade qu'on appelle le *Katze* (la chatte); c'est un ancien bastion qui se trouve maintenant au centre d'un beau jardin botanique.

Hors de la ville on trouve, du côté du nord, la Place des Carabiniers (Schützenplatz); pour s'y rendre, on traverse un canal d'eau courante qui entoure toute la partie de la ville située sur la rive gauche, et un autre canal dérivé de la Sihl et qui met en mouvement un grand nombre d'usines. A côté de la place du Tir s'élève le débarcadère du chemin de fer de Baden, et au-delà s'étend une promenade plantée de tilleuls et de peupliers avec de longues allées; au sud, le Sihlhœlzli (petit bois de la Sihl) est dans un site sombre et mélancolique en même temps que pittoresque. Toute la contrée entre Zurich et l'Uetliberg est extrêmement verdoyante et champêtre, et peut être considérée comme une promenade. A un quart de lieue de la ville, le *Bürgli* (châtelet) est un point favorable pour contempler la vue du lac et de ses rives; plus loin, la belle ferme du Hœckler, située sur une éminence au pied de l'Uetliberg, attire de nombreux promeneurs par son site magnique; dans le voisinage se voient les ruines pittoresques du château de Manegg, autrefois le rendez-vous favori des troubadours allemands.

Excursions. Mais l'amateur des vastes panoramas ne peut se dispenser de faire l'ascension des sommités de l'Albis. Du signal du Schnabelberg, à trois lieues de Zurich, on jouit d'une vue enchanteresse. Au levant se déploie le magnifique spectacle du lac de Zurich, avec son riche encadrement de verdure et d'habitations; on voit autour de soi, au bas de la montagne, une grande étendue des cantons de Zurich, Lucerne, Argovie et Zug, qui étalent leurs innombrables villages, leurs châteaux et leurs collines verdoyantes, sillonnées par le cours de la Limmat et celui de la Sihl. Tout ce beau panorama est ceint, à l'ouest et au nord, par le Jura et les montagnes de la Forêt-Noire, puis par le Randenberg au canton de Schaffhouse; à l'orient s'élèvent les monts d'ppenzell, de Saint-Gall et de Glaris. Au sud, l'œil du spectateur est frappé de la foule des pics des Hautes Alpes. Par une illusion d'optique, le Righi et le Pilate paraissent n'être séparés que par une étroite crevasse, à travers laquelle on distingue une petite partie du lac de Lucerne. On parvient facilement sur le Schnabelberg en quittant la route de Zurich à Lucerne, qui traverse l'Albis au nord de cette sommité; de l'auberge de l'Albis on atteint celle-ci en moins d'une demi-heure. Quelques personnes préfèrent la vue de l'Uetliberg, du haut duquel le spectateur domine la ville de Zurich avec tous ses détails. Deux ou trois chemins y mènent de Zurich dans une heure et demie ou deux heures; l'un de ces chemins est praticable pour des voitures légères jusqu'à peu de distance du sommet. On peut se rendre de l'Uetliberg au Schnabelberg en suivant la crête de la montagne : la distance est de deux on trois lieues.

La vue du Lagerberg est aussi l'une des plus remarquables de la Suisse; le panorama qu'on y découvre est encore plus étendu et plus grandiose que celui de l'Albis. On peut se rendre en voiture jusqu'à Regensberg, et passer la nuit dans cette petite ville, connue dans le pays sous le nom de *Burg* (château), afin de jouir de l'aspect de la chaîne des Aldes éclairée par les rayons du soleil couchant, puis par ceux de l'aurore; mais il est nécessaire que le temps soit parfaitement serein. Plusieurs autres points de l'intérieur du canton offrent également un horizon très-étendu : tel est le sommet d'une haute colline qui domine le Tœss et que franchit la route de Zurich à Winterthour.

Winterthour, jolie ville à quatre lieues de Zurich, sur la route de Frauenfeld et de Constance, compte 6,000 habitants; c'est le principal endroit après Zurich. Elle est située au milieu d'une contrée boisée, entrecoupée de riantes collines. Elle se compose de deux grandes rues parallèles, coupées par huit autres transversales. *Ober-Winterthour* (Winterthour supérieur), village situé vers le nord, est le *Vitodurum* ou *Vitorodurum* des Romains. Nous avons parlé des antiquités qu'on y trouve encore.

Winterthour lutte avec Zurich dans la carrière des sciences, des arts et du commerce; elle est une des villes les plus riches et les plus industrieuses de la Suisse. Elle possède depuis longtemps divers établissements d'instruction ou d'utilité publique, un gymnase, des écoles gratuites pour les enfants pauvres, un hospice des orphelins. Les édifices remarquables sont l'Hôtel-de-Ville, l'église, qui a deux tours de 181 pieds suisses et possède de belles orgues depuis 1808; le nouveau bâtiment des écoles, terminé en 1842, et qui renferme la bibliothèque et une collection de plusieurs milliers de médailles romaines et de pierres gravées, trouvées dans les environs de la ville et du village d'Ober-Winterthour. Les environs sont ornés de charmantes maisons de campagne, et l'on y trouve des promenades agréables. A une lieue vers le sud, s'élève le château de Kybourg, résidence d'une puissante famille du moyen-âge, dont les biens échurent, par héritage, à Rodolphe de Habsbourg, et dont le nom figure encore parmi les titres des empereurs d'Autriche et des rois d'Espagne.

Wœdenschweil (ou Wædenschwyl), grand et beau bourg à 4 ou 5 lieues de Zurich, sur la rive gauche du lac, avec environ 5,000 habitants. Son château était la résidence de la famille noble d'Eschenbach-Wædenschweil; la ville de Zurich l'acheta en 1549. On trouve aussi dans le voisinage des ruines remarquables. Les habitants sont extrêmement actifs et industrieux.

Richtenschweil, grand et superbe village, à peu de distance du précédent. Les marchandises destinées pour l'Italie y étaient débarquées, pour être transportées par terre jusqu'à Brunnen, sur les bords du lac des Quatre-Cantons. La position de ce village est délicieuse, et les environs offrent des promenades très-intéressantes. Sur le chemin de Wædenschweil on rencontre deux jolies cascades, près d'un moulin situé au fond d'une petite vallée fort sombre; les collines de Wollerau, l'église de

Feusiberg, plus loin le mont Etzel, etc., offrent des points de vue admirables.

Stæfa ou *Stæfis*, situé vis-à-vis de Richtenschweil, est un des plus beaux villages de la Suisse; il est formé de plusieurs groupes de maisons, et compte 4000 habitants, dont une grande partie travaillent la soie et le coton. L'extrémité du môle, qui ferme le port, offre un magnifique point de vue; près de l'auberge de la Couronne, il y a des bains, connus sous le nom de Wannenbad.

Horgen, à 3 lieues de Zurich, est aussi un grand village de 4,000 âmes, florissant par son industrie; on y voit plusieurs belles habitations; à demi-lieue vers le sud, sont les bains de *Bocken*, dans une position magnifique, d'où l'on découvre à peu près toute la surface du lac.

Uster, sur une colline à l'est du lac de Greifensee, est au milieu d'une contrée fertile; ce village possède 4 à 5,000 habitants et d'importantes manufactures.

Greifensee, sur le lac de même nom, et *Eglisau*, sur le Rhin, sont d'anciennes petites villes, jadis fortifiées, qui sont loin d'être aussi prospères que les villages ci-dessus. Nous avons dit que les tremblements sont fréquents à Eglisau; ce qui est singulier, c'est que le plus souvent on ne s'en aperçoit pas dans les villages les plus voisins; ils sont toujours accompagnés d'un bruit sourd.

Cappel, village situé sur le revers occidental de l'Albis, près de la frontière de Zug. Les bains de

Wengi sont dans les environs. On y remarque plusieurs ruisseaux, qui recouvrent les mousses d'une croûte de tuf. Cappel est célèbre par la bataille qui s'y livra en 1531, et par la mort de Zwingli.

VIII

Une ligne spéciale conduit de Zurich à Zug, capitale du canton de ce nom. Le touriste reverra encore, pendant une partie du voyage, les rives du beau lac; puis il traversera la chaîne de l'Albis sous quelques longs tunnels : c'est une affaire de deux heures jusqu'à Zug.

Ce petit canton, quoique possesseur de deux lacs charmants, nous arrêtera peu. Disons, néanmoins, ce qu'est Zug, son étendue, son histoire, ses particularités, etc.

Canton de Zùg

Situation, etendue, climat. — Le canton de Zug est borné, au nord, par le canton de Zurich ; à l'est, par celui de Schwytz ; au sud, par ceux de Schwytz et de Lucerne ; à l'ouest, par celui d'Argovie. C'est le moins étendu de tous les cantons ; mais, comme il n'est pas très montagneux, sa population est plus forte que celle du canton d'Uri. Elle était, en 1880, de 23,000 habitants. On ne voit dans le canton ni glaciers, ni neiges éternelles ; aussi son climat est-il tempéré.

Montagnes, vallées, rivières. — La plus haute montagne est le *Rufiberg* ou *Rossberg*, qui sépare le canton de celui de Schwytz, 4,830 p. A l'est et au nord du lac de Zug, court une chaîne de hautes collines, appelée le *Morgarten*. Toutes ces montagnes sont, en grande partie, boisées et couvertes de beaux paturages. A l'angle nord-est du canton, le territoire de Zug aboutit au sommet du Hohe-Rohne, 3,650 p., renommé par sa belle vue. La principale vallée est celle qui enferme le lac d'Egeri. De Zug à Baar et à Chaam s'étend une plaine assez large et très fertile. La *Reuss* et la *Sihl* arrosent ce canton et ses limites.

Lacs. — Le canton possède la plus grande partie

du lac auquel il donne son nom. Ce lac est long de trois à quatre lieues, et large de près d'une lieue; on assure avoir trouvé 1,200 pieds de profondeur dans la partie méridionale, au dessous du Rossberg. Le vent du sud ou Fœhn, et ceux du sud-ouest et du nord-ouest, y sont quelquefois dangereux. Ce lac est élevé de 1,330 pieds au-dessus de la mer; il n'est donc inférieur à celui de Lucerne que d'une vingtaine de pieds. — Le lac d'*Egeri*, long d'une lieue, et large de demi-lieue, appartient tout entier au canton; il est situé dans une vallée agréable et paisible. C'est sur la rive septentrionale de ce lac qu'est le défilé du Morgarten, où les Confédérés remportèrent leur première victoire sur la maison d'Autriche. Il y a encore deux autres petits lacs : le *Finstersee* ou Lac sombre, près Menzingen, et le *Bibersee* (Lac des castors), près du hameau de Biber. Ce nom, qui signifie *castor*, fait supposer que ce quadrupède existait en effet, jadis, dans la contrée.

Histoire naturelle, Agriculture, etc. — Le lac de Zug est très poissonneux; ses carpes et ses brochets passent pour les plus gros qu'il y ait en Suisse. Les brochets atteignent 40 livres; quant aux carpes, on en prend, à ce qu'on assure, du poids de 50 à 80 livres; on les pêche principalement en juin et juillet. Le lac d'Egeri fournit aussi d'excellentes petites truites rouges. — L'existence de communaux étendus a retardé les progrès de l'agriculture; cependant, la plaine, au nord du lac de Zug, est renommée pour sa fertilité. La rive orientale est couverte de noyers et de châtaigniers. Ces derniers sont (avec ceux de Weggis et de Wallenstadt) les seuls qui croissent dans la Suisse septentrionale. On voit aussi de la vigne en divers endroits, mais son produit est peu estimé. — Les montagnes de Zug sont composées de brèche, de marne et de grès. On trouve dans la plaine et sur la pente des montagnes d'énormes blocs de granit, dont quelques-uns atteignent le poids de plusieurs milliers de quintaux; ils ont, suivant toute apparence, été apportés autrefois par des courants partis du Saint-Gothard et du Crispalt.

Histoire. — La ville de Zug s'appelait, à ce qu'il paraît, *Tugium*, du temps de la domination romaine, et elle était le chef-lieu du peuple helvétien des *Tugeni*; mais on n'y a trouvé aucune trace de cette domination. Dans le moyen-âge, elle appartint successivement aux comtes de Lenzbourg, de Kybourg et de Habsbourg. Ce fut sur le territoire de ce canton que se livra la glorieuse bataille de Morgarten. Les Confédérés honorèrent la valeur des soldats de Zug en leur rendant les derniers devoirs sur le champ de bataille. Plus tard, Zug combattit vaillamment dans les rangs des Suisses. En 1352, la ville de Zug fut admise dans la Confédération comme septième canton (elle devint le huitième après l'admission de Berne). Son territoire ne s'est pas sensiblement agrandi dès-lors. Les Zugois se battirent vaillamment contre les

Français, en 1798, dans les combats qui eurent lieu le 26 avril près de Dietikon, dans les bailliages libres d'Argovie, et ils y perdirent beaucoup de monde. En 1846, Zug fit partie du Sonderbund; mais, vu sa situation, la ville et le canton furent occupés par les troupes fédérales avant la capitulation de Lucerne.

Constitution. — Jusqu'en 1798, une partie de la campagne était sujette de la ville de Zug. A cette époque, l'égalité complète fut consacrée. La Landsgemeinde, composée de tous les citoyens âgés de 19 ans, se tient chaque année à Zug, le premier dimanche de mai, pour nommer le landammann et les autres principaux fonctionnaires de l'Etat. Le landammann est élu pour deux ans, et pris alternativement dans le cercle intérieur et dans le cercle extérieur. Ce dernier comprend les deux villages d'Egeri, Menzingen, Neuheim et Baar; l'autre comprend Zug et le reste du canton.

Culte et Instruction publique. — Le canton professe exclusivement la religion catholique. — Les écoles publiques ont été sensiblement améliorées depuis le commencement de ce siècle. Zug possède une école de jeunes filles, dont on loue l'organisation, et un gymnase destiné aux jeunes gens qui se consacrent à la carrière ecclésiastique. On a observé que Zug fournit un grand nombre de prêtres à la Suisse catholique.

Commerce, Industrie. — Sans y être bien active, l'industrie n'est point complètement négligée dans ce canton, et l'aisance y est générale. Le chef-lieu possède des filatures de soie, des tanneries, une fonderie de cloches, et des fabriques de tissus de paille. On trouve aussi des tanneries et des papeteries considérables à Baar et à Chaam. Situé sur la route de Zurich au Saint-Gothard, Zug fait un petit commerce de transit; mais une grande partie des habitants se vouent à la vie pastorale; l'agriculture occupe également un certain nombre de bras. La plaine, au nord du lac, produit beaucoup de fruits; on y fait du cidre et une grande quantité d'eau de cerises.

HOMMES DISTINGUÉS, SAVANTS, etc. — Le canton a fourni un grand nombre de militaires qui se sont illustrés sur les champs de bataille. *J. Waldmann*, le héros de Morat et bourgmestre de Zurich, était né dans le canton de Zug. *Werner de Steiner* combattit à Marignan, où ses fils périrent à ses côtés. Le capitaine *J. Seiler*, de Zug, fut tué à Saint-Jacques. Zug a donné le jour à plusieurs savants. Tels sont: *Gaspard Sang*, auteur d'une histoire ecclésiastique de la Suisse; *P. Collin*, professeur de littérature grecque à Zurich, connu par d'excellentes traductions. Mais le nom le plus remarquable dont Zug puisse s'honorer dans la carrière des lettres, est celui du baron de *Zurlauben*, dernier rejeton d'une illustre famille originaire du Vallais. Il fut lieutenant-général au service de France, et membre de l'Académie des belles-lettres. Il avait fait de vastes et savantes recherches sur la

Suisse du moyen-âge, et a publié, entre autres ouvrages, une *Histoire militaire des Suisses au service de la France, et des tableaux pittoresques de la Suisse.*

MŒURS, COUTUMES, CARACTÈRE. — L'habitant de Zug est remarquablement attaché au sol qui l'a vu naître. Les lois prescrivaient même autrefois cet amour de la patrie, et défendaient aux citoyens de quitter le pays, sous peine de perdre une partie de leurs droits. Le peuple de Zug est pieux, et aime les solennités de sa religion, mais il est moins superstitieux que celui des Waldstætten. Il est peu d'endroits où le culte des morts soit poussé aussi loin : les cimetières sont de véritables parterres de fleurs, qu'on entretient avec un soin tout particulier. Les habitants de la ville de Zug se distinguent par leur amabilité. Les habitants de la partie montagneuse se font remarquer par la franchise et la gaîté de leur caractère.

VILLE ET LAC DE ZUG. — La petite ville de Zug compte 4,000 habitants; elle a conservé une enceinte de murailles, et elle a cependant des rues assez larges et bien bâties. Son plus bel édifice est l'église de Saint-Oswald, érigée, en 1478, par Eberhard, curé de la ville. On y voit le monument funéraire du général Zurlauben. Le tableau du maître-autel, dû au peintre Brandenberg de Zug, mort en 1726, représente saint Oswald, à la tête de son armée, prosterné devant la croix. Ce saint, le patron de Zug, était un roi du Northumberland, et fut un des apôtres de la Suisse. La ville possède un hospice, un gymnase, et une biblioihèque fondée au 15e siècle. L'arsenal renferme un grand nombre d'armures conquises dans les batailles, et la bannière du canton, teinte du sang de Pierre Collin et de son fils, qui périrent, en 1482, à Bellinzone. Le 5 mars 1435, une rue entière et une partie des tours et des murs de la ville s'abîmèrent dans le lac. Les archives de la ville furent perdues ; un enfant, fils de l'architecte Wickard, fut trouvé surnageant dans son berceau, et il fut dans la suite le père d'une famille qui se distingua. C'est à cette époque que l'on commença à bâtir la ville neuve du côté opposé au lac. En 1594, quelques maisons s'écroulèrent de nouveau ; une grande partie de la cité fut consumée en 1795. — La ville est dominée par le Zugerberg, dont la pente fertile s'élève à 900 pieds au-dessus du lac, et offre de beaux points de vue. La situation de Zug est très-riante ; de tous côtés l'on trouve de charmantes promenades. Les rives du lac sont très-gracieuses et presque partout entourées d'une belle végétation. La côte occidentale est pittoresquement découpée par deux promontoires, sur l'un desquels est l'ancien château de Buonas. Sur l'autre bord, on voit la cascade de Grendweschen et des maisons de campagne ombragées par des bosquets de noyers et de châtaigniers. Le lac est dominé, au sud, par le Righi ; entre cette montagne et le Pilate, on aperçoit au loin plusieurs sommités neigeuses de l'Oberland.

Depuis 1852, un petit bateau à vapeur fait le trajet de Zug à Immensee et à Arth.

BAAR, CHAAM, HÜNENBERG. — Les chemins de Zug à Baar et à Chaam traversent de magnifiques vergers. A l'ouest de Chaam et non loin de la Reuss, on voit les restes du château qui fut la résidence de ce seigneur, Henri de Hünenberg, qui, en 1315, fit parvenir aux Schwytzois, par le moyen d'une flèche, le conseil de garder le défilé de Morgarten. En 1386, après la bataille de Sempach, les Confédérés détruisirent le château, dont le possesseur avait soutenu la cause de leurs ennemis.

EGERI, MORGARTEN. — Les deux villages d'Egeri sont situés dans une vallée tranquille et solitaire ; leurs habitants, de même que ceux de Menzingen, se distinguent par une physionomie mâle et une taille élevée ; ils mènent une vie pastorale. Le chemin d'Egeri à Schwytz côtoie la rive orientale du lac, dominée par la haute colline de Morgarten ; c'est à l'extrémité de ces Thermopyles suisses, près de la frontière de Schwytz, qu'on voit la chapelle élevée en souvenir de la victoire du 16 novembre 1315. Chaque année, à pareille date, on y célèbre un service religieux.

IX

Deux lignes ferrées conduisent de Zug à Lucerne. Nous prendrons celle qui passe à Immensée, parce que nous suivrons les bords du lac des Quatre-Cantons, à partir de Küsnach; et que, jusqu'à Lucerne, nous aurons, à chaque instant, le plaisir de retrouver quelques noms de la vieille Suisse dans ses temps héroïques.

Canton de Lucerne

SITUATION, ÉTENDUE, CLIMAT. — Le canton de Lucerne occupe la partie la plus centrale de la Suisse; il est borné, au nord, par le canton d'Argovie; à l'est, par ceux d'Argovie, de Zug et de Schwytz; au sud, par ceux d'Unterwald et de Berne; et à l'ouest, par celui de Berne. Il compte 11 à 12 lieues de longueur, sur 10 de largeur. On y éprouve de grandes variations de température, et le climat est plutôt froid que chaud; il est extrêmement salubre. Aux environs de Lucerne, le vent qui souffle le plus souvent est celui d'ouest; les brouillards y sont fréquents en automne, et les pluies assez longues en hiver.

MONTAGNES ET VALLÉES. — La moitié méridionale du canton est seule hérissée de montagnes. La principale chaîne est une continuation de celle qui, partant de la Furka, sépare le canton de Berne de ceux d'Uri et d'Unterwald. Vers le Rothhorn (7,260 pieds), cette chaîne se bifurque; une des ramifications, sous le nom de Brienzergrat et de Tannhorn (6,570), se prolonge vers l'ouest et sépare le canton de Lucerne de celui de Berne; l'autre se dirige vers le nord-est et forme la limite des cantons de Lucerne et d'Unterwald. Cette ramification se termine par le mont Pilate, dont les bases viennent plonger dans les golfes de Winkel et d'Alpnach. Il y a, en outre, d'autres petits chaînons plus ou moins isolés; la *Schafmatt* (Prairie des moutons) et le *Feuerstein* (Pierre de feu) (6,700); la *Schrattenfluh* (Roche crevassée) (6,290), montagne bouleversée et sillonnée d'énormes fentes, qui touche, au sud, à l'Emmenthal bernois. — Les plus hautes de ces montagnes n'atteignent qu'une hauteur de 7,000 à 7,200 pieds. On n'y voit ni glaciers ni neiges éternelles, mais beaucoup d'excellents pâturages. Plusieurs sommets, tels que le Pilate, le Rothhorn, le Tannhorn, le Napf, etc., offrent des vues ravissantes. Une partie de la pente méridionale du *Righi* appartient aussi au canton de Lucerne.

La principale vallée du canton est l'*Entlibuch*,

renommé par ses pâturages et ses troupeaux, et arrosé par la Petite Emme. Cette vallée tire son nom d'une autre rivière moins considérable, l'*Entle*, qui se jette dans l'Emme près du village d'Entlibuch; la partie supérieure de l'Entlibuch porte aussi le nom de Marienthal. Dans la partie septentrionale du canton, quelques chaînes de collines partagent le pays en vallées à peu près parallèles : telles sont celles où se trouvent les lacs de Baldeck et de Sempach, celle de Münster, etc.

Rivières et torrents, — La *Reuss*, qui sort du lac des Waldstætten, n'a qu'un cours de trois lieues sur le canton de Lucerne; elle le quitte un peu au-dessous du pont de Gislikon. La principale rivière après la Reuss est la *Petite Emme*, qu'on appelle aussi *Wald-Emme* ou *Emme des bois*, pour la distinguer de la Grande Emme qui arrose l'Emmenthal bernois. Ses deux sources, qui portent le nom d'*Emmensprung* (*Saut de l'Emme*), jaillissent de terre dans le voisinage du Rothhorn; on croit qu'elles sont l'écoulement du petit lac de *Mai*, qui se trouve un peu plus haut. Elle reçoit plusieurs torrents qui descendent des vallons latéraux : l'*Entle*, qui a ses sources au Schlierenberg, et dont la course impétueuse forme plusieurs chutes pittoresques; le *Rümlig* et le *Rengbach* ou *Kriensbach*, qui descendent du mont Pilate; le premier arrose le frais vallon d'Eigenthal; le second coule à travers le *Rengloch*, ouverture profonde entre les monts Sonnenberg et Plattenberg. L'*Ilfis*, qui se joint à la Grande Emme près Langnau, dans le canton de Berne.

Lacs. — Le canton de Lucerne est un de ceux entre lesquels se partagent les rives du lac des *Waldstætten* ou des Quatre-Cantons. Il possède la partie occidentale de ce lac qu'on peut considérer, à juste titre, comme le plus remarquable de tous ceux de la Suisse, tant à cause de ses formes irrégulières et des sites variés qui l'entourent, qu'à cause des évènements importants dont ses rives furent le théâtre. Ce lac a 9 lieues de longueur, et 600 pieds de profondeur en quelques endroits; il est à 1,320 ou 1,340 pieds au-dessus de la mer. — Le canton de Lucerne possède encore le joli lac de *Sempach*, d'une lieue et demie de longueur, sur trois quarts de lieue de largeur. Il est élevé de 1,590 pieds, et se trouve encadré par un amphithéâtre de charmantes collines. Le lac de *Baldeck* est situé non loin du canton d'Argovie; celui de *Mauen* est à une lieue à l'ouest de celui de Sempach, et renferme l'île et le château auquel il a donné son nom. Mentionnons encore le *Rothsee* ou Lac rouge, tout près de Lucerne; le *Maisee*, près des sources de l'Emme; enfin le fameux petit lac de la *Bründlis-Alp*, sur le mont Pilate.

Bains et eaux minérales. — Le canton est assez riche en sources minérales. Les bains qui ont le plus de vogue sont ceux de *Knutwyl*, situés à une lieue au nord de Sursee, dans une plaine agréable, arrosée par la Sour. On peut citer encore ceux d'*Augstholz*, au sud des précédents ; ceux de *Farnbühl*, sur la pente du Bramegg ; ceux d'*Im Rothen*, près Lucerne, et ceux de *Meggen*, près des ruines du château de Neu-Habsburg. Enfin, non loin du sommet du Righi et de la frontière de Schwytz, on trouve l'établissement du *Kaltbad* ou *Bain froid*, près d'une source dont la température n'est que de quatre degrés, et qui jouit, dans le pays, d'une certaine réputation.

Histoire naturelle. — Les poissons les plus estimés du lac de Lucerne sont ceux que les habitants appellent *Balle* (l'*Aalbock* du lac de Thoune, ou *salmo lavaretus*), et *Rœtele* (*salmo salvelinus*). On y pêche aussi des saumons, des perches, des truites, des brochets, des carpes, etc. (On assure que le lac nourrit même des loutres et des castors.)

La flore lucernoise est extrêmement variée. Toutes les montagnes du canton sont riches en belles plantes ; on cite particulièrement le mont Nesselstock, vers le sud de l'Entlibuch, et le Pilate, comme celles où l'on peut faire la moisson la plus abondante ; on nomme comme particulière au Pilate la *ruta montana* (*rue de montagne*) ; on y trouve le *papaver alpinum*, pavot alpestre, espèce très-rare que les botanistes ont rencontrée aussi sur de hautes montagnes d'Uri et de Schwytz.

Le canton de Lucerne est un des plus fertiles de la Suisse ; avec l'élève du bétail, l'agriculture est sa principale source de richesse. Quant à la vigne, elle ne croît que dans le district de Hochdorf, près du lac de Baldeck, et ne donne qu'un vin très-médiocre. On cultive dans le canton beaucoup d'arbres fruitiers: les châtaigniers et même les amandiers et les figuiers croissent autour de Veggis, localité qui est abritée par le Righi contre les vents du nord, et qui jouit d'un climat plus tempéré.

Le canton de Lucerne renferme un grand nombre de minéraux. Non loin de Lucerne, on voit encore les traces d'une mine de fer dont les travaux ont été abandonnés depuis longtemps. Il existait dans l'Entlibuch, au 15e et au 16e siècles, une mine d'argent. Ses montagnes doivent même renfermer quelques filons d'or, puisque l'Emme et la Luthern charrient des parcelles de ce métal.

On a découvert des traces de mines de houille, qui sont probablement le prolongement des couches que l'on observe au Beatenberg, au nord du lac de Thoune. La chaîne du mont Pilate est composée de pierre calcaire, mêlée de quartz et d'argile. On y trouve un grand nombre de pétrifications, particulièrement près du Tomlishorn, à la Kastlen-Alp et sur le Widderfeld, dont la sommité est composée d'une roche calcaire remplie de nummulithes et autres coquillages brisés. On trouve aussi des empreintes de poissons dans les ardoises du mont Pilate.

Les montagnes de l'Entlibuch sont formées de sable, d'argile et de pierres roulées; les autres montagnes et collines du canton appartiennent à la formation de grès et de marne. On observe beaucoup de brèche sur les bords du lac, entre Lucerne et Küssnacht, surtout près de Meckenhorn et dans l'île d'Altstadt, de même qu'entre Lucerne et Stanzstadt.

Le Righi est aussi composé de brèche. On voit épars, sur toutes les collines du canton, un grand nombre de blocs granitiques, dont quelques-uns sont d'une grosseur extraordinaire.

Antiquités. — On a beaucoup disputé sur l'étymologie du mot *Lucerne*. Quelques personnes prétendent que le nom est dérivé du mot latin *lucerna*, et qu'un fanal ou lanterne a dû être placé jadis à l'endroit où depuis a été construite la ville, pour guider les bateliers dans leurs courses nocturnes. Quelques monnaies romaines, trouvées à peu de distance de Lucerne, semblent établir l'existence d'une ville antique sur le sol qu'occupe de nos jours cette cité. On a déterré aussi une quantité de pareilles monnaies à Hochdorf, près du lac de Baldeck, à quatre lieues au nord de Lucerne.

Histoire de la ville et du canton. — Vers la fin du septième siècle, un seigneur du pays, nommé Wickard, fit choix d'une colline sur la quelle existait déjà une chapelle consacrée au patron des pêcheurs et des bateliers, pour y bâtir un couvent en l'honneur de saint Léodegar ou saint Léger, dont il fut le premier abbé. Les rois de France assurèrent au couvent la possession du lieu qu'on nommait alors Lucerne, et ce fut sous la protection des religieux qu'il s'établit une commune qui prit aussi ce nom. En 768, Pepin-le-Bref donna le couvent avec la ville à l'abbaye de Murbach, dans la Haute-Alsace; mais Lucerne conserva certaines franchises.

Lucerne, excédée des guerres continuelles qu'il lui fallait soutenir contre ses voisins les habitants des Waldstætten, et ne pouvant plus supporter les rigueurs de la domination autrichienne, contracta, l'an 1332, cette alliance perpétuelle avec les trois cantons d'Uri, Schwytz et Unterwald, à laquelle on a donné le nom de Ligue des Quatre-Cantons ou des Waldstætten. La noblesse, amie de l'Autriche, déclara sur-le-champ la guerre aux Lucernois. Les bourgeois de Lucerne prirent aussi les armes pour défendre leur bon droit. Quelques familles patriciennes vendues à l'Autriche voulurent arrêter ce noble élan, et formèrent le projet d'exterminer, pendant une nuit, les chefs du parti populaire et de livrer la ville au duc. Cette conspiration est connue sous le nom de *Mordnacht* (nuit de meurtre). Un enfant, témoin du complot, alla tout révéler aux bourgeois.

La liberté de Lucerne fut ainsi sauvée par sa présence d'esprit et son patriotisme.

En 1375, les Lucernois se signalèrent par une victoire sur les bandes d'Enguerrand de Coucy, qui s'étaient avancées dans le canton jusqu'à Willisau. Ce n'était pas aux Suisses, mais au duc Léopold d'Autriche, que le sire de Coucy faisait la guerre, pour reprendre un héritage de famille sur les possessions autrichiennes en Suisse.

Les montagnards lucernois se levèrent pour repousser ces bandes mercenaires, et les mirent en déroute à Buttisholz, avec l'aide de quelques braves des cantons voisins.

Mais ce fut surtout la journée de Sempach qui illustra Lucerne dans les annales de la Confédération helvétique. En 1386, l'Entlibuch, que gouvernait un sire de Thorberg, s'était allié avec la ville de Lucerne par un traité de combourgeoisie. Thorberg fit périr sur l'échafaud tous les habitants qui avaient été les auteurs de ce traité. Les Lucernois envoyèrent alors contre lui leur avoyer Gundoldingen, qui s'empara de Sempach. Le duc Léopold rassembla toute la noblesse d'Argovie, de Souabe, du Tyrol, de l'Autriche, de l'Alsace et de la Franche-Comté, et s'avança avec son armée jusque vers Sempach, qui avait été sa propriété, mais qui venait de faire cause commune avec la Confédération.

Les Suisses étaient au nombre de 1,400, dont 400 hommes de Lucerne, 900 des trois petits cantons, 100 de Glaris, Zug, etc.

Tous se jettent à genoux, lèvent les mains au ciel, et adressent une prière fervente au Tout-puissant. Ils se relèvent, et se précipitent contre le bataillon ennemi, en poussant de grands cris. Mais leur courage vient échouer devant une phalange protégée par ses longues lances. Déjà un grand nombre de braves ont expiré. C'est alors qu'Arnold de Winkelried, chevalier d'Unterwald, se retourne vers les siens : « Amis, s'écrie-t-il, prenez soin de ma femme et de mes enfants; je vais vous frayer un chemin, suivez-moi! » Aussitôt, se mettant à la tête de la colonne, il se précipite vers l'ennemi, saisit de ses bras autant de lances qu'il en peut détourner contre lui, les enfonce dans sa poitrine, et tombe. Les Confédérés s'élancent dans les rangs ennemis par l'ouverture qui leur est faite, et font un horrible carnage.

On pressa Léopold de se sauver sur son cheval; il répondit qu'il ne voulait pas abandonner les chevaliers qui se sacrifiaient pour sa cause. Il périt avec 676 gentilshommes dans cette terrible journée.

Dès-lors, jusqu'en 1415, la ville de Lucerne agrandit son territoire, et l'Autriche fut plus tard obligée de renoncer formellement à toutes ses prétentions sur le canton. En 1479, la ville se racheta de tous les droits qu'exerçaient sur elle les chanoines de Saint-Léodegar. Depuis cette époque, l'histoire de Lucerne n'offre plus aucun évènement saillant.

Le 31 janvier 1798, les Conseils de Lucerne publièrent spontanément une proclamation par laquelle ils abolissaient l'ancien régime, et convoquaient les représentants du peuple pour l'établissement d'une Constitution basée sur l'égalité des droits politiques.

A la Restauration, le gouvernement redevint aristocratique. Lucerne, avec Zurich et Berne, fut, à tour de rôle pendant deux années, le siège du gouvernement fédéral et le lieu de rassemblement de la Diète. En 1830, le canton se donna une Constitution démocratique, et il accéda ensuite au Concordat des sept cantons (Zurich, Berne, etc.) qui se garantissaient réciproquement leurs nouvelles institutions d'une manière plus particulière.

Plus tard, par un contre-coup de la suppression des couvents d'Argovie, en 1843, le parti ultramontain, étant devenu puissant dans le canton, se proposait d'appeler les jésuites pour leur confier l'enseignement public; malgré les remontrances de plusieurs Etats confédérés, le Gouvernement persista dans cette intention. Deux expéditions de corps-francs, parties des cantons voisins en décembre 1844 et avril 1845, formèrent le projet de renverser le Gouvernement lucernois, avec l'aide des amis assez nombreux qu'elles comptaient dans la ville; mais elles furent repoussées, et un certain nombre d'agresseurs restèrent prisonniers. C'est alors que se forma la ligue des cantons ultramontains, dite *Sonderbund* ou *ligue séparée.*

En 1847, la majorité de la Diète, rassemblée à Berne, somma les cantons ultramontains de dissoudre leur ligue, qu'elle déclarait incompatible avec la Confédération générale; sur le refus de ces cantons, elle ne recula pas devant la guerre civile, et mit sur pied une nombreuse armée, qu'elle plaça sous les ordres du général Dufour. A la suite de quelques combats, Lucerne fut occupée par les Confédérés, le 24 novembre 1847. Le Gouvernement ultramontain fut remplacé par un Gouvernement radical, et un procès de haute trahison fut intenté aux anciens magistrats.

CONSTITUTION. — Le régime tout aristocratique fut renversé en 1830, et remplacé par une Constitution démocratique; cette Constitution fut révisée en 1841 et en 1848. Voici les principales dispositions de cette Constitution révisée: Un Grand Conseil de cent membres est nommé par les districts, proportionnellement à la population; tous les trois ans, un tiers des membres sortent de fonction et sont rééligibles. Le Grand Conseil nomme le Conseil d'Etat, le Conseil d'Instruction publique, les Juges, les Préfets, etc. Le Conseil d'Etat est composé de neuf membres, qui peuvent être choisis dans le sein du Grand Conseil. Tous les trois ans, la moitié des membres du Conseil d'Etat sortent de charge et sont rééligibles. Chaque année, le Grand Conseil nomme, parmi les membres du Conseil d'Etat, un avoyer et son lieutenant (*Statthalter*).

Chaque commune nomme un Conseil municipal, composé de trois à cinq membres, parmi lesquels elle choisit un syndic ou *Ammann*.

CULTES. — Le canton professe la religion catholique. C'est à Lucerne que résidait le nonce du pape en Suisse.

Depuis un certain nombre d'années, les protestants ont un pasteur et une église à Lucerne.

INSTRUCTION PUBLIQUE. — Les principaux établissements d'éducation du canton de Lucerne sont le Gymnase, qui occupe le ci-devant collège des jésuites, près de l'église dite des Jésuites; un Lycée pour l'enseignement de la théologie et de la philosophie, une Ecole de dessin, un Gymnase pour les beaux-arts, une Académie de chant, etc.

Il y a une quarantaine d'années, l'illustre père Girard, de Fribourg, vint porter à Lucerne sa méthode d'enseignement qui avait eu de si grands succès dans son canton.

Lucerne est une des villes de la Confédération où le goût des beaux-arts, particulièrement de la peinture et de la musique, est le plus répandu dans toutes les classes de la société.

Hommes distingués. — Le canton de Lucerne a produit, dans la carrière des armes et dans celle de l'administration, un grand nombre d'hommes distingués. Parmi ces illustrations, nous nommerons l'avoyer *Gundoldingen*, dont la mort fut si glorieuse à la bataille de Sempach; *Antoine Russ*, qui trouva le trépas dans le cimetière de Saint-Jacques près de Bâle, où une poignée de Suisses soutint le choc de 18,000 Français; *Jean Viol*, qui combattit à la bataille de Bellinzone; *Louis Pfyffer*, qui, en 1569, à la tête de 6,000 Suisses sauva le roi Charles IX, et le ramena heureusement de Meaux à Paris.

Parmi les hommes qui se sont fait un nom dans les lettres, les sciences et les arts, on peut citer le chanoine *Elie de Laufen*, connu pour avoir, en 1470, établi, dans le couvent de Béromünster, la première imprimerie qui ait existé en Suisse; c'est là que *Ulrich Gering*, de Münster, apprit l'art de la composition, qu'il transporta ensuite à Paris, où il créa le premier établissement d'imprimerie. Il amassa une grande fortune, qu'il légua aux étudiants et aux pauvres de Paris; aussi la Sorbonne célébrait-elle tous les ans une fête en son honneur. *Lang*, naturaliste; *Meyer* de Schauensée, né en 1720, et qui fut un des meilleurs organistes d'Europe; *Joseph Ritter*, habile architecte, mort en 1809, à qui l'on doit le beau pont de Mellingen; le peintre *Reinhard*, etc.

MOEURS, USAGES, CARACTÈRES, etc. — On trouve à Lucerne beaucoup d'urbanité et de politesse; les étrangers y reçoivent une hospitalité cordiale. Nous avons déjà mentionné le goût général des Lucernois pour les beaux-arts; les jeux du théâtre y sont accueillis avec plus de faveur que dans aucun autre canton. Mais les habitants de l'Entlibuch méritent une mention particulière; ils sont une des peuplades alpines les plus remarquables de la Suisse. Ils se distinguent par leur énergie et par leur amour pour la liberté, pour leur pays et pour leurs anciens usages, en même temps que par leur affabilité, et leur goût pour la poésie, la musique et la gymnastique.

Les montagnards de l'Entlibuch sont une race extrêmement vigoureuse et d'une taille élancée; les femmes sont remarquables par la blancheur de leur teint. Les luttes gymnastiques sont en honneur dans la contrée; toute la population assiste à ce divertissement, et les vieillards sont ordinairement les juges du combat.

Les montagnards de l'Entlibuch ont donné de tout temps des preuves de leur valeur. Ils étaient terribles avec leurs pesantes massues, garnies de pointes de fer (*Morgenstern*). A la bataille de Morat, ils se distinguèrent à l'avant-garde, et commencèrent le succès de cette mémorable journée; ils furent aussi les premiers à attaquer les bandes du comte d'Armagnac.

Industrie, commerce. — Le commerce de ce canton consiste principalement dans l'expédition des marchandises entre la Suisse et l'Italie, par le Saint-Gothard. Il y a à Lucerne une fabrique de soierie, et dans l'Entlibuch plusieurs filatures de laine, de coton, de chanvre et de lin, qui occupent un assez grand nombre d'ouvriers.

La principale industrie du canton est l'élève du bétail; les bêtes à cornes et les moutons forment une branche importante du commerce, ainsi que les fromages.

Ville de Lucerne. — Lucerne, chef-lieu du canton, est située à l'extrémité du lac des Quatre-Cantons; elle est partagée en deux parties inégales par la Reuss, et entourée du côté de la terre de murs et de tours datant de 1385.

Trois ponts sont jetés sur la Reuss, dont les eaux impétueuses sont d'un beau vert d'émeraude; un quatrième pont est construit sur une partie du lac. Le seul praticable aux voitures est celui qu'on appelle simplement *pont de la Reuss* (*Reussbrücke*). Le pont supérieur, *Cappellbrücke* ou Pont de la chapelle, est construit obliquement sur la rivière, à l'endroit où elle sort du lac ; il a 1,000 pieds de longueur et date de 1303.

Près de ce pont, au milieu de la Reuss, s'élève une ancienne tour, *Wasserthurm* ou *Tour d'eau*, où sont conservées les archives de la ville. Selon la tradition, elle doit avoir servi de phare, *lucerna*, et avoir donné son nom à la cité. Au-dessous du pont de la Reuss se trouve le *Pont des moulins*, *Mühlenbrücke*, qui est long de 300 pieds et date de 1403. Il est décoré de 36 tableaux, qui sont des copies de la fameuse *Danse des Morts* de Bâle. Quant au quatrième pont, on l'appelle *Hofbrücke* ou *Pont de la cathédrale*, et il sert de communication entre la ville et l'église paroissiale.

Edifices publics, établissements divers. On compte à Lucerne dix églises. Les plus remarquables sont la cathédrale ou église de Saint-Léger ou *Hofkirche*, située sur une petite hauteur non loin du nouveau quai ; sa fondation remonte à l'an 795. Le bas-relief sur bois représentant la mort de Marie, à l'autel latéral du nord, est du 15e siècle. On trouve quelques monuments dans le cimetière.

L'Eglise des Jésuites, commencée en 1667, est d'une gracieuse architecture.

L'Eglise des Franciscains ou Cordeliers est

d'une haute antiquité ; elle renferme, suspendus au haut de la nef, des *fac-simile* de tous les étendards enlevés par les Lucernois à la bataille de Sempach.

Le ci-devant *Collège des Jésuites* est le plus bel édifice de Lucerne.

L'Hôtel-de-Ville, érigé en 1606, est un joli édifice renfermant de belles salles et les drapeanx pris sur l'ennemi dans les anciennes guerres ; on y voit de belles sculptures sur bois, une collection de portraits des anciens chefs de l'Etat, et des peintures relatives à l'histoire suisse. La Fontaine du marché au vin (*Weinmarkt*) date de l'an 1481.

L'Arsenal est un des plus considérables de la Suisse, il contient en grande quantité des *morgensterns* ou massues, des haches d'armes, des cuirasses, des casques enlevés par les Confédérés aux Bourguignons et aux Autrichiens. On y remarque aussi de tres-longs étendards turcs, conquis à la bataille de Lépante et rapportés par un chevalier de Malte, d'origine lucernoise, qui y assistait

Lucerne possède, en outre, deux hôpitaux, dont l'un destiné aux incurables ; une belle maison des orphelins, bâtie en 1809 près de la porte de Bâle ; un théâtre, un casino et plusieurs bibliothèques ; elle contient aussi une collection de portraits de citoyens et d'hommes d'Etat qui ont illustré Lucerne dans les siècles passés.

Panorama en relief. On visitera avec intérêt le

panorama en relief d'une partie de la Suisse, levé d'après nature par le général Pfyffer. Cet ouvrage représente une étendue de 141 lieues carrées, dont Lucerne occupe le centre, et qui comprend les cantons de Lucerne et d'Unterwald, une grande partie de ceux d'Uri, Schwytz et Zug, et les contrées limitrophes de ceux de Berne, Zurich et Argovie. On ne peut voir sans admiration la précision avec laquelle les formes des monts ont été figurées et l'exactitude qui brille jusque dans les plus minutieux détails.

Lion de Thorwaldsen. Après les beautés de la nature, ce lion est l'objet qui mérite le plus d'attirer l'attention des étrangers. Rien de plus simple et de plus poétique à la fois que la pensée qui a été rendue par Thorwaldsen avec tout le succès qu'on devait attendre d'un artiste aussi célèbre. Un lion, percé d'une lance, expire en couvrant de son corps un bouclier fleurdelisé qu'il ne peut plus défendre. Un jeune sculpteur de Constance, Ahorn, a exécuté ce travail sur le modèle en plâtre envoyé de Rome par l'artiste danois, et sous la direction du colonel Pfyffer d'Altishofen.

Points de vue et excursions. Lucerne a été dispensée de créer des promenades, car la nature y a pourvu : tout est promenade à l'entour; peu de villes au monde sont aussi favorisées sous ce rapport. A l'est, s'élève le Righi aux pentes verdoyantes; au sud, le sombre et sauvage Pilate, et entre ces deux montagnes, les rochers escarpés du Bürgenstock, en avant duquel on voit le lac et ses rives gracieuses. Au-dessus du Bürgenstock on aperçoit la Blum-Alp au canton d'Unterwald, montagne à forme singulière, et dont on distingue parfaitement les châlets vers le soir. — Si l'on sort de la ville, on peut visiter, du côté de l'ouest, la colline du *Gütsch* située tout près de la porte de Bâle; celle de Sonnenberg, et, plus au sud, le château de Schauensee sur le mont Schattenberg; du côté du nord, la colline de la Museck et les jardins d'Allenwinden (ou *à tous vents*); tous ces points jouissent d'une vue délicieuse. Le confluent de l'Emme et de la Reuss, près des ruines du château de Stossberg, et le *Rothsee* (Lac rouge), dans un vallon champêtre, le Rengloch, qui sert d'écoulement au Krienz-bach, méritent également d'être pris pour buts de promenades.

Lac de Lucerne. Ce lac a un caractère tout particulier. Ses rives ne sont pas ornées d'une multitude de villes, de villages, de maisons de campagne, de jardins et de vignobles; et cependant l'aspect qu'il offre est d'un attrait irrésistible; il laisse à l'âme des souvenirs ineffaçables. La nature y déploie tout l'empire de sa majesté, et en même temps une inépuisable variété d'images.

Dans le voisinage de Lucerne, les scènes qu'offrent les rives du lac sont d'une nature bien moins sévère que celles de l'extrémité orientale. Si l'on veut se rendre dans le canton d'Unterwald, on peut s'embarquer à Lucerne pour le golfe d'Alpnach, qu'entourent des pentes sombres et boisées. A l'est du golfe d'Alpnach, on peut prendre terre pour aller visiter la gorge sauvage du *Rotzloch* et la cascade du *Mehlbach* (ruisseau de farine).

Le trajet de Lucerne, au fond du golfe de Küssnacht, n'offre pas moins d'intérêt. Près de la pointe de Meggenhorn, on passe devant l'île d'Altstad, où l'abbé Raynal avait érigé, à la gloire des libérateurs de la Suisse, une pyramide de granit de quarante pieds de hauteur. On y lisait les noms des trois héros et celui du fondateur. Au sommet était une flèche dorée, à laquelle était attachée la pomme de Tell. C'est non loin de l'île d'Altstad qu'est l'endroit qu'on appelle *Kreuztrichter*, croisée ou entonnoir croisé, c'est-à-dire la place où la ligne de Küssnacht à Alpnach coupe à angle droit la partie du lac comprise entre Lucerne et les deux promontoires appelés *Obernase* et *Unternase*. L'aspect que présentent en cet endroit les divers golfes voisins et les montagnes qui les entourent, est extrêmement remarquable. En continuant à voguer dans la direction de Küssnacht, on passe sous la colline de Ramflue et sous les ruines du château de *Neu-Habsbourg*, qui commandent un beau point de vue. La route de Lucerne à Küssnacht peut également se faire par terre, le long des collines du Meggenberg et par le village de Meggen. On se rend fréquemment au Righi par Küssnacht et Arth, villages du canton de Schwytz; mais des chemins également commodes partent de Weggis et de Fitznau, villages lucernois situés au pied méridional de la montagne et entourés d'une riche végétation.

Mont Pilate. L'ascension du mont Pilate n'est point aussi facile que celle du Righi, mais elle est également intéressante. On n'est point encore d'accord sur la hauteur de cette montagne, qui est cependant une des plus fameuses de la Suisse.

Le Pilate dépasse de 1,000 à 1,400 pieds la hauteur du Righi, qui est d'environ 5,600. Longtemps la superstition a fait de cette montagne le théâtre d'événements surnaturels. *Mont Pilate* est probablement la traduction de *Mons Pileatus*, ou montagne à chapeau, nom que l'on donne à plusieurs hautes montagnes dont la cime s'enveloppe de nuages avant les pluies ou les orages. De *Pileatus* le peuple a fait Pilate, et pour trouver un rapport entre cette montagne et le gouverneur de Jérusalem, on a inventé d'étranges histoires.

Six chemins différents mènent au sommet du Pilate : quatre du côté du nord, et deux du côté du sud. Le plus commode est celui qui monte d'Alpnach à la plus haute sommité, qu'on nomme le Tomlishorn. En partant de Lucerne, on passe ordinairement par le village de Kriens, puis on gravit par *Herrgottswald* (Forêt du Seigneur Dieu), où l'on trouve une jolie église et un ermitage souvent visité par les pèlerins; on traverse ensuite l'Eigenthal, charmant vallon où l'on envoie des gens maladifs jouir d'un air salubre. Des deux côtés de la Brundlis-Alp s'élèvent les sept pics du Pilate. On remarque sur la Bründlis-Alp un écho extraordinaire, qu'on peut regarder comme un des plus curieux de la Suisse; mais pour en tirer des sons, il faut être doué d'une poitrine robuste et d'une voix forte. Les bergers, habitués à le faire retentir, se placent vis-à-vis de la paroi de rocher, et, se tournant lentement en demi-cercle, émettent par intervalles des sons qui, mille fois répétés par toutes les anfractuosités des rochers, produisent une musique harmonieuse dont l'effet est ravissant pendant le calme solennel d'une belle soirée.

Au sud du Tomlishorn, on voit une caverne haute de 16 pieds, sur 9 de largeur, dont il sort un air glacé, et un ruisseau, qui, en coulant sur les rochers de la grotte, produit un sifflement singulier. On est presque certain que cette caverne communique avec une autre que l'on aperçoit de la Bründlis-Alp sur l'autre revers de la montagne, à une hauteur de plus de cent toises. Au fond de cette grotte, devant laquelle est un précipice inaccessible, on aperçoit un rocher blanchâtre en forme de statue, haut de 30 pieds, et qui ressemble à un homme dont les bras sont appuyés sur une table et les jambes croisées. La grotte, ainsi que la statue, porte le nom de *Saint-Dominique*.

De la Bründlis-Alp on peut escalader le Widderfeld, qui est la sommité la plus sauvage du Pilate, et qui est de quelques pieds inférieur au Tomlishorn. Le général Pfyffer, qui avait souvent gravi le Pilate, assure que du haut de ses divers pics on peut, par un temps très-serein et à l'aide d'une bonne lunette, découvrir treize lacs, ainsi que la tour de la cathédrale de Strasbourg.

Entlibuch, Napf. La vallée de l'Entlibuch est entourée de montagnes couvertes de pâturages fertiles et bien arrosés. La partie supérieure de la vallée présente cependant quelques régions sauvages; on y trouve la Schrattenfluh, montagne remplie de crevasses et de cavernes, et qui offre partout les traces remarquables d'affreux bouleversements. Non loin de là, près du village de Klausstalden, l'Emme fait une cascade. Une route, praticable aux chars évite le contour que fait l'Emme près de Wohlhausen, franchit les hauteurs du Bramegg, prolongement du Pilate. Du sommet du passage, la vue s'étend au loin sur les campagnes fertiles des environs de Lucerne, et jusqu'au lac et à la ville de Zug et à la chaîne de l'Albis. Un sentier remonte la vallée de l'Entle, il passe ensuite au sud du Pilate, entre le Schlierenberg et le Feuerstein, et conduit à Alpnach et à Sarnen. Au fond de l'Entlibuch, un sentier dangereux en quelques endroits part du joli vallon de Marienthal, franchit la crête du Brienzergrat et conduit à Brienz.

Au nord de l'Entlibuch s'élève le groupe du mont Entzi, dont le sommet, qui porte le nom de Napf, est élevé de 4,750 pieds; on peut l'atteindre facilement de divers côtés, en particulier en partant des villages d'Entlibuch, Schüpfheim et Trubschachen.

On trouve des châlets sur la cime. La ravissante vue qu'il offre aux regards ne le cède que peu à celle du Righi. Sur la pente septentrionale du Napf, on trouve les bains de la Luthern, d'où l'on peut se rendre à Willisau et à Sursee.

Sursee. Cette petite ville est située à cinq lieues de Lucerne, à l'extrémité septentrionale du lac de Sempach, dans une contrée fort agréable. On y trouve de très-beaux points de vue, en particulier près de la chapelle de Mariazell, à un quart de lieue de la ville, dans l'endroit où la Sur sort du lac. A demi-lieue de Sursee du côté de l'ouest, on voit le romantique petit lac de Mauen, au milieu duquel s'élève le château du même nom. Un peu plus au nord sont les bains de Knutwyl.

Ville et lac de Sempach. La ville de Sempach est située sur la rive orientale du lac du même nom. Les eaux de ce lac sont d'un beau vert clair; ses bords sont couverts de prairies, de forêts et d'arbres fruitiers. Le Pilate et les hautes montagnes qui environnent le lac de Lucerne offrent un coup-d'œil magnifique aux environs de Sempach. C'est sur une éminence à demi-lieue de la ville que se livra la fameuse bataille de Sempach. Une chapelle a été érigée sur le champ de bataille; un tableau représente l'acte héroïque d'Arnold Winkelried.

Fin du Tome premier.

Limoges. — Imp. Marc BARBOU et Cie.

www.ingramcontent.com/pod-product-compliance
Lightning Source LLC
LaVergne TN
LVHW010555110826
845149LV00003B/661

* 9 7 8 2 0 1 3 7 5 0 8 8 2 *